Über die Grundlagen der Bilanzwerte.

Von

Dr. Rudolf Fischer,
Rechtsanwalt.

Leipzig
Verlag von Veit & Comp.
1909

Sonderabdruck
aus
Festschrift der Juristischen Gesellschaft in Leipzig
zur
500jährigen Jubelfeier
der Universität Leipzig.

Druck von Metzger & Wittig in Leipzig.

Motto: Der Zweck ist der Schöpfer des ganzen Rechts.

I. Der retrospektive Zweck der Bilanz, die Erfolgsberechnung.

§ 1. Ist es möglich, die Bilanzwerte auf die allgemeinen Sätze einer Bewertungstheorie zurückzuführen?

Jeder, der sich, ohne bisher die kaufmännische Sitte und ihre Ursachen gekannt zu haben, zum ersten Male mit den Werten des kaufmännischen Geschäftsvermögens beschäftigt, wie sie durch die Bilanz dargestellt werden, wird sich der Wahrnehmung nicht entziehen können: diese Werte weisen zweifellos einen engen Zusammenhang mit der Buchführung auf. Das wird bereits bei den Halb- und Ganzfabrikaten offenbar, die mit den Anschaffungskosten des Rohmaterials sowie den Kosten des bisher daran stattgefundenen Produktionsprozesses, also vor allem den Löhnen, eingesetzt werden, und das tritt wenn möglich noch augenfälliger bei den sog. Anlagewerten, d. h. bei Maschinen, Baulichkeiten, totem wie lebendem Inventar, in die Erscheinung. Diese Objekte werden nämlich höchstens zu den Anschaffungskosten eingestellt, und auch das nur vielleicht am Ende des ersten, des Anschaffungsjahres, während sie in den Bilanzen der Folgejahre (wenigstens wenn man von umfangreichen Reparaturen absieht) mit einem sich stetig mindernden Reste der Anschaffungskosten figurieren.

Woher stammt diese Sitte und wie ist sie zu erklären?

Man kann sich sehr kurz mit den Bilanzwerten abfinden und sagen: die Kaufleute kämen über die von der Buchführung gegebenen Ziffern nicht hinaus und nicht davon los, weil sie sich zu sehr unter dem formellen Zwange der Buchführung fühlten, von dem sie sich nicht zu befreien vermöchten. Oder man bringt wohl gar vor, die Kaufleute wären zu bequem, um die Wertmomente, die für das einzelne Vermögensobjekt in Betracht zu ziehen wären, eingehend zu würdigen.

Doch so schnell dürfte sich schwerlich die Grundlage einer kaufmännischen Gepflogenheit abtun lassen, deren schwerwiegende Bedeutung keiner Erläuterung bedarf. Deshalb nehmen auch diejenigen Autoren, die in Deutschland und Österreich mit Recht als die Führer der bilanziellen Literatur angesehen werden, nämlich Simon und Reisch-Kreibig, einen dem eben bezeichneten gerade entgegengesetzten Standpunkt ein.

Simon bekämpft auf das nachdrücklichste die bis dahin in der juristischen Literatur anschließend an § 40 HGB. (Art. 31 A. D. HGB.) herrschende Theorie vom objektiven Werte und stellt ihr die Theorie vom individuellen Werte entgegen. Danach soll jedem einzelnen Vermögensstück innerhalb der vom Geschäftsvermögen gebildeten Vermögensgesamtheit und mit Rücksicht auf die Person des Geschäftsinhabers ein besonderer Wert zukommen, der, je nachdem es sich um eine zum dauernden Gebrauche oder um eine zur Veräußerung bestimmte Sache handelt, der individuelle Gebrauchs- oder Veräußerungswert sein soll; zu vergl. Simon S. 303 ff.; 360 ff.; 408; 472.

Ganz ähnlich gehen Reisch-Kreibig in ihrem Werke I S. 311 ff. von allgemeinen Erörterungen über das Wesen des Wertes aus und erblicken in den Sätzen der Nationalökonomie als der die allgemeine Wirtschaftslehre enthaltenden Wissenschaft das Fundament der Bilanzwerte, „da es doch von vornherein klar sein muß, daß die unmittelbar dem wirtschaftlichen Leben dienende Buchführung keinen anderen Bewertungsgrundsätzen folgen kann, als jenen, welche die Nationalökonomie aus der Beobachtung eben dieses wirtschaftlichen Lebens abgeleitet und welche die Jurisprudenz (gemeint ist Art. 31 A. D. HGB.) für die Regelung der wirtschaftlichen Beziehungen als richtig anerkannt hat" Reisch-Kreibig I S. 332. Nur wollen diese Autoren die allgemeinen Sätze der Nationalökonomie durch kaufmännische Gepflogenheiten zwar im einzelnen abgeändert, das Prinzip jedoch stets gewahrt wissen.

Die Unmöglichkeit, die Bilanzwerte als den Ausfluß eines allgemein gültigen Wertproblems anzusehen, ergibt sich ohne weiteres aus zwei kurzen Beispielen. Der Fabrikant A. stellt genau dieselben Waren, wie der Fabrikant B. her, nur belaufen sich die Löhne des in einer anderen Gegend domizilierenden A. um ungefähr 10 Prozent höher, als die von B. Infolgedessen nimmt A. bei Aufstellung seiner Bilanz seine den Produkten des B. in der Qualität ganz gleichstehenden Waren um die Differenz der Löhne höher an, als B. Und ferner, A. kauft genau dieselbe Maschine, wie sein Konkurrent B. von derselben Maschinenfabrik. Nur kauft B. zwei Monate später und zahlt infolge besonderer Umstände (z. B. die Maschinenfabrik ist in dringende Geldnot geraten) 8000 Mark für die Maschine, die A. mit 10000 Mark bezahlt hatte. Dann sehen wir, daß in den am 31. Dezember errichteten Bilanzen der beiden Industriellen die Maschine des A. mit 10000 und die des B. mit 8000 Mark angeführt wird.

Die Art, wie in beiden Fällen die an sich völlig gleichwertigen Waren und Anlagegegenstände bilanziell völlig verschieden behandelt werden, sowie der Umstand, daß dabei der allerengste Anschluß an die Zahlen der Buchführung festzustellen ist, läßt es schlechterdings ausgeschlossen erscheinen, den Bilanzwerten eine allgemeine Theorie über den Wert als Grundlage zu geben, mag es nun die Theorie vom objektiven oder vom individuellen Werte sein.

Der Irrtum, unter dessen Einwirkung sowohl Simon wie Reisch-Kreibig gestanden haben, als sie Wertprinzipien allgemeiner Natur ohne weiteres auf die Bilanzwerte der Kaufleute für anwendbar erklärten, ist unschwer zu erkennen. Auf der einen Seite sind diese Schriftsteller völlig von der Richtigkeit der Bilanzwerte durchdrungen. Auf der anderen Seite sind sie nicht minder von der Wahrheit der Lehren überzeugt, die auf allgemeinen wissenschaftlichen Untersuchungen über den Wert der Güter beruhen. Folglich, so lautet ihr, übrigens ja von Reisch-Kreibig direkt ausgesprochener Schluß, müssen die Bewertungsmaximen, da sie beide richtig sind, hier wie dort die gleichen sein. Das ist aber augenscheinlich ein Scheinschluß, weil eine petitio principii. Denn die Richtigkeit der Bilanzwerte als thema probandum vorläufig dahingestellt: sie braucht jedenfalls mit der Richtigkeit der Resultate, zu denen man bei einer allgemeinen Betrachtung der Güterwerte gelangt, nicht das mindeste gemein zu haben.

Nach alledem gewinnt es den Anschein, als ob diejenigen Recht behalten werden, die in den aus den Geschäftsbüchern in die Bilanz übertragenen Ziffern eben nur Ziffern, aber keine Werte sehen; die Bequemlichkeit, Unvermögen oder übergroßen Respekt der Kaufleute vor den Zahlen der Buchführung für die letzte Ursache der kaufmännischen Sitte halten und die schließlich folgerecht die Forderung aufstellen, daß diese Sitte verlassen und im Sinne einer wirklichen Bewertung verbessert werde.

Auch der Verfasser muß bekennen, daß er außerstande ist, irgend eine Erklärung für das Zustandekommen der Bilanzwerte als eigentlicher Werte zu geben; vielmehr will er die Entstehung der Bilanzwerte aus der Buchführung heraus und nur aus ihr erklären. Damit aber scheint seinem Vorhaben schon das Urteil gesprochen. Denn der kritische Leser wird bei einer Untersuchung der Werte des kaufmännischen Geschäftsvermögens a priori eine Methode ablehnen, die die Bilanzwerte als Produkte der Buchführung ansehen und als solche untersuchen will. Denn damit wird, so wird man meinen, ja eben nur die Richtigkeit der in Gestalt der Bilanz auftretenden Buchführungsziffern, aber nicht das mindeste für die Werteigenschaft der Vermögensobjekte bewiesen. Dieser Satz trifft nun allerdings zu. Aber vielleicht erhält er durch die nachfolgenden Ausführungen eine besondere Bedeutung und der Leser eine andere Ansicht über die Tragweite der Bewertungsfrage, wie er gegenwärtig hat.

§ 2. Die Erfolgsberechnung mit Einnahmen und Ausgaben.

Allgemein bekannt ist der Zweck der Bilanz, den Gewinn des Kaufmanns aus dem Handelsbetriebe festzustellen. Um zu verstehen, wie diese Aufgabe durch die Bilanz erfüllt wird, wird man nicht umhin können, sich mit gewissen Einzelheiten der Buchführungs- und Bilanztechnik vertraut zu machen. Ehe jedoch das fernerliegende Gebiet der kaufmännischen Buchführung betreten wird, dürfte es empfehlenswert sein, derjenigen Art der Ertragsberechnung etwas näher zu treten, die jedermann ohne besondere Vorkenntnisse beherrschen und begreifen kann, der Ertragsberechnung durch Gegenüberstellung von Einnahmen und Ausgaben.

Nach Vorschrift wohl aller Einkommensteuergesetze haben als Einkommensquellen Kapitalvermögen, Grundstücksvermögen, gewinnbringende Beschäftigung sowie Handel und Gewerbe und als Erträgnis einer jeden Quelle hat das zu gelten, was von den daraus fließenden Einnahmen übrig bleibt, wenn man von der Summe der Einnahmen die auf der Quelle lastenden Ausgaben abzieht; also z. B. von den Einnahmen aus einem Zinshause die Zinsen der auf dem Grundstücke lastenden Hypotheken und die Kosten der Hausverwaltung oder von den Einnahmen eines Anwaltes die Miete für die Bureauräumlichkeiten und die Gehälter der Angestellten. Natürlich hat die Verminderung der

Einnahmen um Ausgaben dann zu unterbleiben, wenn überhaupt keine mit den Einnahmen im wirtschaftlichen Zusammenhange stehende Ausgaben vorhanden sind, was beispielsweise bei dem Gehalte von Beamten der Fall ist. Aber überall da, wo solche Ausgaben in Betracht kommen, wird die Methode angewendet, den Überschuß der Einnahmen über die betreffenden Ausgaben als Reinerträgnis anzuführen. Dies wird von Fuisting I S. 193, Maatz S. 109ff und von Wilmowski S. 33 für die preußische Einkommensteuer bezeugt; ja in § 165 des österreich. Personaleinkommensteuergesetzes wird die Berechnung des Einkommens in Form der Gegenüberstellung von Einnahmen und Ausgaben für alle nach der allgemeinen Erwerbsteuer Steuerpflichtige expressis verbis gefordert. Aber auch ohne besondere gesetzliche Bestimmung würden die Steuerpflichtigen in Österreich dem Willen des Gesetzes gemäß das Erträgnis mittels Einnahmen und Ausgaben darstellen, ebenso wie sie es in allen anderen Staaten tun, die eine Besteuerung des Einkommens eingeführt haben. Diese Methode ist eben die von selbst gegebene, die natürliche und es wird hiernach der Eindruck hervorgerufen, als ob die Berechnung des Erträgnisses auf Grund von Einnahmen und Ausgaben die Ertragsberechnung κατ᾽ ἐξοχήν, die Ertragsberechnung, sei.

Darüber jedoch, daß sie dies nicht ist und nicht sein kann, wird man durch einen Blick in die Literatur und Judikatur vornehmlich des preuß. Einkommensteuergesetzes belehrt. Daraus ist nämlich zu entnehmen, daß an gewissen Stellen die Einkommensberechnung auf der Basis von Einnahmen und Ausgaben zu einer wahren crux computationis wird. Charakteristisch sind nun diejenigen Stellen, wo diese Beobachtung zu machen ist, nämlich bei der Berechnung des Geschäftseinkommens der Minderkaufleute. Hier sei die Bemerkung eingeschaltet: Wie in jedem modernen Einkommensteuergesetze, so ist auch im preußischen zwar den Vollkaufleuten die Berechnung des Geschäftserträgnisses auf Grund einer ordnungsmäßig errichteten Bilanz nachgelassen, aber andererseits auch nur ihnen. Infolgedessen haben und zwar nicht allein in Preußen, sondern auch in Österreich, Sachsen und in sämtlichen anderen Staaten die Minderkaufleute für die Zwecke der Einkommenbesteuerung den Gewinn aus ihren Geschäften gleich allen anderen Steuerpflichtigen, d. h. in Gestalt der Einnahmen und Ausgaben, darzulegen.

Eine klare Vorstellung davon, was diese Vorschrift bedeutet und zu welchen Konsequenzen sie führt, dürfte man auf Grund folgender Erwägungen erhalten: die Ertragsberechnung mittels Einnahmen und Ausgaben ist nur insoweit richtig, als die in der betreffenden Rechnungsperiode (Rechnungsjahr) eingekauften und bezahlten Waren noch innerhalb derselben Periode weiterverkauft und bezahlt worden sind. Sie stimmt also nicht und kann nicht stimmen:

1. Wenn zwar innerhalb derselben Rechnungsperiode Waren gekauft und bezahlt, aber bei Schluß des Rechnungsjahres noch nicht weiterverkauft worden sind. Denn dann sind Ausgaben vorhanden, für die ein Vermögensäquivalent, nämlich ein solches in Waren, erlangt worden ist. Dieses kommt jedoch in den Einnahmen nicht zum Ausdruck.

2. Wenn die innerhalb derselben Rechnungsperiode gekauften und bezahlten Waren vom Geschäftsinhaber auf Kredit weiterverkauft, aber vom Kunden zur Zeit der Rechnungsaufstellung noch nicht bezahlt worden sind. Denn dann stehen den Ausgaben, die doch eine Verminderung des Erträgnisses bedeuten, nicht diejenigen Vermögenszunahmen gegenüber, die der Geschäftsinhaber in Gestalt von Warenforderungen erlangt hat.

3. Wenn zu Beginn der laufenden Rechnungsperiode Waren vorhanden gewesen sind, die vom Geschäftsinhaber bereits in der voraufgehenden Periode gekauft und bezahlt worden waren. Denn dann fallen zwar die Einnahmen aus dem Weiterverkauf in das laufende Jahr, nicht aber die damit korrespondierenden Ausgaben für den Einkauf.

4. Wenn innerhalb derselben Rechnungsperiode Waren auf Kredit gekauft und gegen bar weiterverkauft worden sind, ohne daß der Geschäftsinhaber zur Zeit des Rechnungsabschlusses seine Warenschuld beglichen hatte. Denn dann steht ebenfalls den Einnahmen, die doch eine Zunahme des Erträgnisses bedeuten, nicht die Warenschuld gegenüber, die der Geschäftsinhaber eingegangen ist und die eine Minderung seines Vermögens bedeutet.

5. Wenn Geldkredit gewährt oder genommen wird. Leiht der Geschäftsinhaber Gelder aus, so bedeutet das an sich eine Ausgabe. Wenn das in dem einen Jahre als Darlehn hinausgegangene Geld vom Schuldner in einem folgenden Rechnungsjahr zurückbezahlt wird, so müssen die Ausgaben des einen und die Einnahmen des anderen Jahres einen ganz falschen Eindruck von dem wirklichen Erträgnisse hervorrufen. Soll nun der Geschäftsinhaber deswegen das Geld überhaupt nicht, weder unter den Ausgaben noch unter den Einnahmen, buchen,

selbst dann nicht, wenn es der Geschäftskasse entnommen worden ist und später dahin zurückgelangt? Bedenken ähnlicher Art entstehen bei Aufnahme eines Darlehns, das in die Geschäftskasse fließt.

Der Verfasser hat, so sehr er auch bemüht gewesen ist, sich weder selbst ein Bild davon machen, noch hat er in der Literatur eine Angabe darüber finden können, wie in Form der Einnahmen und Ausgaben ein mit den geschäftlichen Zwecken eines Minderkaufmanns zusammenhängendes Darlehn, sei es, daß es gewährt oder genommen worden ist, darzustellen wäre, ohne daß die Ertragsberechnung versagt. Es dürfte deshalb anzunehmen sein, daß sich der Geldkredit in dem Rahmen der Einnahmen und Ausgaben überhaupt nicht unterbringen läßt.

Bei dem genommenen und gewährten Warenkredit stellt man künstlich durch Einfügen von Posten die Richtigkeit der zunächst falschen Ertragsberechnung am Ende des Rechnungsjahres her. Eine ausführliche Beschreibung hiervon gibt Maatz S. 112—120; zu vgl. ferner Fuisting I S. 190ff., der die einschlagende Judikatur des OVG. anführt.

Der Modus ist folgender:

Man setzt in den Fällen unter 1. und 2. den Einnahmen die Beträge, und zwar unter 1. der gekauften und unter 2. der verkauften Waren hinzu. Statt dessen kann man sie, was zu demselben Resultate führt, auch von den Ausgaben absetzen.

In den Fällen unter 3. und 4. werden umgekehrt die Beträge der betreffenden Waren von den Einnahmen abgesetzt. Oder man zählt sie den Ausgaben hinzu, da ja auch diese Operation die gleiche Wirkung hat.

Alle die Korrekturen, denen die Methode der Einnahmen und Ausgaben unterworfen werden muß, dieses fortgesetzte Einfügen von Posten, das am ehesten die Bezeichnung des Hineinzwängens und -pressens fremdartiger Elemente in das Einnahme- und Ausgabesystem verdient, untergräbt fortgesetzt dessen Fundament. Aber je mehr es geschieht, um so mehr treten, jedem Kenner sichtbar, die Umrisse einer Rechnungsmethode hervor, bei der man sich nicht stets Rechenschaft darüber abzulegen braucht, ob das Resultat auch stimmt und wie bei erkannter Unrichtigkeit das gestörte Gleichgewicht herzustellen ist, eine Methode, bei der das immerwährende Tasten, Suchen und Wägen unterbleibt, weil sie von selbst die richtigen Erfolgsziffern liefert und die von selbst die Balance hält und die man deshalb mit Recht die Methode der Balance nennt: die kaufmännische Bilanz.

§ 3. Die Bilanz ist die Erfolgsberechnung für den Kaufmann.

Daß die Methode der Einnahmen und Ausgaben bei der Berechnung des Einkommens der Minderkaufleute sich weder leicht handhaben, noch übersehen läßt, wird man schon inne, wenn man die Ausführungen bei Fuisting I S. 190 ff. nachliest. Welche Bedenken und Hindernisse der Verwendbarkeit dieser Methode in der Praxis entgegenstehen, wird aber besonders anschaulich von Maatz S. 112—120 an einem mit Einnahmen und Ausgaben durchgeführten Falle geschildert. Bereits die Verhältnisse einfachster Art, die Maatz hier vorführt (es handelt sich um einen kleinen Handwerker), geben Anlaß zu eingehenden Erörterungen, wie diese Verhältnisse rechnerisch zu behandeln sind, um das richtige Resultat für das Einkommen zu erhalten.

Maatz hat, wie gesagt, der Anschaulichkeit halber auf einen Fall abgestellt, wie er sich wohl einfacher nicht denken läßt. Sowie man den konkreten Fall nur einigermaßen anders gestaltet, müssen die Schwierigkeiten in außerordentlichem Maße wachsen. So kann das Endergebnis der Einnahmen und Ausgaben bei einheitlich eingekauften und in Teilposten weiterverkauften Waren doch erst dann korrigiert werden, nachdem das betreffende Quotenverhältnis ermittelt worden ist. Und dieses festzustellen dürfte namentlich, wenn man Waren im Auge hat, die als Teilposten aus dem Vor- in das laufende Jahr übernommen worden sind, in der Regel sehr schwer und öfter gar nicht möglich sein.

Da also bereits bei Minderkaufleuten die Erträgnisberechnung mit Einnahmen und Ausgaben nur unter recht beträchtlichen Schwierigkeiten aufrecht zu erhalten ist, so ist erwiesen: bei Vollkaufleuten müßte diese Art der Erträgnisberechnung ein Unding, eine Unmöglichkeit sein, sie würde hier einen völligen Zusammenbruch erleiden. Das ist auch der Grund, weshalb die modernen Einkommensteuergesetze, am frühesten wohl das sächsische vom Jahre 1874, für die Vollkaufleute die bilanzmäßige Rechnung als die allein mögliche zugelassen haben.

Wenn aber der Vollkaufmann für die Zwecke der Einkommensteuer nicht ohne Bilanz auskommen kann, dann kann er auch sonst nicht ohne sie auskommen. Denn in der Beziehung, daß der Vollkaufmann für seine privaten Zwecke, nämlich für die finanzielle Leitung seines Geschäfts, der Berechnung seines geschäftlichen Erfolges unbedingt bedarf, genügt es schon, an den Jahrhunderte alten Brauch der Kaufleute zu erinnern, einmal alljährlich ihren Erfolg genau zu berechnen. Ausführlich hierüber unten § 9.

Deshalb übertreibt man keineswegs, wenn man den Satz aufstellt: Wenn die kaufmännische Erfolgsberechnung und ihre Grundlage, die kaufmännische Buchführung, nicht schon bekannt wären, so müßten sie erfunden, besser wohl gefunden werden: die Unentbehrlichkeit einer richtigen Erfolgsberechnung einer- und die Möglichkeit andererseits, sie methodisch richtig allein in einer Art vorzunehmen, würde den Kaufmann bald zu dem hindrängen und -zwingen was man die kaufmännische Buchführung und Bilanz nennt. Auch dürfte man bei dem Suchen nach ihr durchaus nicht auf unüberwindliche Hindernisse stoßen. Wird doch der Weg durch die Fehler und Mängel, die der Methode der Einnahmen und Ausgaben anhaften, ziemlich deutlich gewiesen. Wer in diesem Punkte klar sieht, wird auf Grund verhältnismäßig einfacher Ideengänge imstande sein, die maßgebenden Prinzipien festzustellen. Und hat man einmal diese, so ist ihre Verwirklichung eine Aufgabe, deren Lösung nicht mehr lange auf sich warten lassen dürfte.

In erster Linie gilt es daher, den Ursachen für die Unbrauchbarkeit der Einnahmen- und Ausgabenmethode für Kaufleute nachzugehen. Der Fall bei Maatz S. 112—120 zeigt offen an und Maatz spricht es auch mehrfach aus: Ein Kaufmann, der Geldeinnahmen und Geldausgaben aufzeichnet und allein nur diese, der sich nicht regelmäßig auch das aufnotiert, was er an Waren gegen Kredit entnommen und was er daraufhin bezahlt hat, sowie ferner, was er selbst an seine Kunden gegen Kredit abgegeben und was er sodann von ihnen bezahlt erhalten hat, kann doch auch nicht in der Endrechnung die dann noch unbezahlten Beträge für die entnommenen wie für die gelieferten Waren anführen. Und doch ist dies, zu vgl. § 2, unerläßlich, sofern das wirtschaftliche Fazit in Ordnung gehen soll.

Der Nachteil der Einnahmen- und Ausgabenmethode besteht demnach vor allem darin, daß die aktiv wie passiv kreditierten Beträge sich in diese Methode nicht einfügen. Das gilt schon für die Beträge des Waren- und in noch erhöhtem Maße für die Beträge des Geldkredits. Das Unzutreffende der Einnahmen und Ausgaben in dieser Beziehung wird übrigens durch den in allen Einkommensteuergesetzen wiederkehrenden Satz charakterisiert, daß bezahlte Schulden nicht das Einkommen mindern und deshalb nicht unter den Ausgaben aufgeführt werden dürfen, ebensowenig wie bei Inanspruchnahme von Kredit die in das Vermögen des Geschäftsinhabers gelangenden Beträge dessen wirkliches Einkommen vermehren, da sich ja sein Vermögen um die eingegangene Verbindlichkeit mindert.

Damit wird ein weiterer Mißstand berührt: Wenn der Kaufmann Mieten oder Gehälter bezahlt, so mögen die im System der Einnahmen und Ausgaben als Ausgaben gebuchten Beträge sich wirtschaftlich mit einer stattgefundenen Abminderung des Geschäftsvermögens decken. Aber wenn Waren gekauft und bar bezahlt werden, so ist doch die Aufzeichnung allein des aufgewendeten Kaufpreises und nicht auch des erlangten Gegenwertes eine offenbare Unrichtigkeit. Nicht minder schief ist das Bild, das sich ergibt, wenn Waren auf Grund eines Barverkaufes hinausgehen: der Geschäftsinhaber notiert ja allein den empfangenen Kaufpreis als Einnahme, aber nicht auch das, was er seinerseits leistet und um was er doch sein Geschäftsvermögen offensichtlich vermindert. Insofern gibt die Einnahmen- und Ausgabenmethode die das Geschäftsvermögen betreffenden Vorgänge ganz entstellt wieder und das Erträgnis des Geschäftsjahres mit Hilfe einer solchen Rechnung ermitteln zu wollen, wird keinem Denkenden in den Sinn kommen.

Wir sehen also, das ziffernmäßige Resultat der Einnahmen und Ausgaben stimmt mit dem wirtschaftlichen Ertrage um deswillen nicht, weil das System dieser Rechnung Faktoren nicht enthält und nicht enthalten kann, die schon bei Eintritt eines wirtschaftlichen Ereignisses dieses in ziffernmäßiger Kongruenz wiedergeben. Deshalb ist für die Zwecke einer zutreffenden Erfolgsberechnung an Stelle der Rechnungsart der Einnahmen und Ausgaben eine solche zu setzen, die diese Ereignisse schon bei ihrem Eintritte zum Ausdrucke bringt und sie von da ab festhält, so daß sie auch im Endresultate der Rechnung wiederkehren.

Diese Forderung macht sich um so dringlicher geltend, als ja das kaufmännische Geschäftsvermögen (wenn man von den in den Anlagegegenständen investierten Beträgen absieht) in einem fortgesetzten Flusse begriffen ist: die einzelnen Teile gehen unaufhörlich ineinander über und wechseln stetig ihre Formen. Dies wird sehr gut in der von Fuisting, III S. 138 angeführten Entscheidung des OVG. mit folgenden Worten geschildert: „In den gewerblichen Betrieben wechselt die Form, unter welcher das in denselben verwendete Kapital in die äußere Erscheinung tritt, unaufhörlich, bei dem umlaufenden noch schneller, als bei dem

Anlagekapital; was gestern in Betriebsmitteln und Vorräten angelegt war, besteht teilweise heute in Produkten und morgen in Bargeld oder Forderungen, so daß gestern — bei größerem Bestande an Betriebsmitteln und Produkten — die laufenden Schulden den Bestand an Bargeld und Forderungen überwogen und Kredit beansprucht worden ist, morgen aber — bei geringeren Betriebsmitteln und Produkten — der Barbestand überwiegt und durch Kreditgewährung nutzbar zu machen ist. Nur der Wert des gesamten verwendeten Kapitals ist bleibend; er soll nicht nur erhalten, sondern eben durch den Betrieb vermehrt werden."

Diesen immerwährenden Kreislauf zwischen eigenem und fremdem Vermögen ziffernmäßig zu fixieren, fortgesetzt evident zu halten, wie groß die dem Geschäftsinhaber von anderen, sei es in Waren sei es in Geld, überlassenen Mittel sind, und dann, wo sie verblieben sind; aber nicht allein, in welchem Umfange sich das Geschäftsvermögen aus fremden Mitteln zusammensetzt, sondern vor allem auch, wie groß die bei normalem Geschäftsgang sich ja stetig mehrenden eigenen Mittel sind, und wie groß diese Zunahme im letzten Geschäftsjahre, d. h. wie groß dessen Gewinn ist — alles dies auch nur einigermaßen richtig wiederzugeben, übersteigt völlig das Vermögen der Einnahmen- und Ausgabenmethode. Und für diese Aufgabe, dafür, sie in möglichst großer Vollkommenheit zu lösen, ist das System der kaufmännischen Buchführung eingerichtet und ausgebildet worden.

Dem Zwecke der Erfolgsberechnung wird schon durch die sogen. einfache Buchführung und ihre Bilanz, wenigstens bei nicht sehr umfangreichen und nicht komplizierten Betrieben, durchaus genügt. In noch höherer und nicht zu überbietender Weise geschieht das durch die doppelte Buchführung und ihre Bilanz.

Wie die einfache und doppelte Buchführung nebst ihren Bilanzen im einzelnen beschaffen sind, kann und soll nicht in diesem Aufsatze beschrieben werden. Es wird in dieser Beziehung auf die äußerst reichhaltige und zum Teile vorzügliche Fachliteratur verwiesen[1]. An dieser Stelle sollten und konnten nur die allgemeinen Richtungslinien für die Konstruktion des Buchführungssystems dargestellt werden: der Handels-

---

[1] An führenden Werken seien genannt: Hügli, Buchhaltungsstudien; Schär-Langenscheidt, Buchhaltung (Kursus I des Lehrganges der gesamten praktischen Handelswissenschaften); Schiebe-Odermann, Die Lehre von der Buchhaltung; Voigol, Buchführungsrecht Bd. 1 und 2; Stern, Buchhaltungslexikon; ferner die Zeitschrift für Buchhaltung, herausgegeben von Belohlawek.

verkehr verlangte unbedingt nach einer einwandfreien Ertragsberechnung, dieses Verkehrsbedürfnis war allein durch ein in ganz bestimmter Richtung anzulegendes und auszubauendes System zu befriedigen und das Verkehrsbedürfnis zeichnete insofern die Linien des Systems erkennbar vor. Und die Überzeugung zu erwecken, daß die dem Verlangen des Verkehrs gerecht werdende Methode der Erfolgsberechnung in ihren Grundlagen so und nicht anders sein kann, wie sie ist, ist das Ziel dieser Ausführungen. Denn wenn es erreicht ist, so dürfte der Leser auch die Überzeugung mit hinwegnehmen, daß das auf diesen Grundlagen aufgeführte System der Erfolgsberechnung so und nicht anders sein kann, wie es ist, selbst wenn der Leser es im einzelnen nicht kennt. Deshalb dürfte er auch ohne Kenntnisse der Buchführungs- und Bilanztechnik die Bilanzposten der kaufmännischen Praxis vielleicht anders wie zuvor beurteilen: Während sie ihm früher als die Ziffern einer ihm wenig oder gar nichts sagenden Rechnungsweise erschienen sind, so werden sie ihm jetzt hoffentlich die Ziffern der allein richtigen und deshalb der Erfolgsberechnung der Kaufleute bedeuten, Ziffern, die man infolgedessen nicht ohne Gefährdung des ganzen Systems nach Belieben herauf- oder heruntersetzen darf und, die nach eigenem Gutdünken abändern, soviel heißt, wie das durch Jahrhunderte erprobte System der kaufmännischen Erfolgsberechnung umstürzen, kurz, daß eine selbständige und darum die Buchführungsziffern nicht achtende Bewertungsmethode den Untergang der allein richtigen Methode der Erfolgsberechnung nach sich zieht.

Aber selbst wenn solche Leser, denen bisher nicht die geringsten Zweifel darüber beigegangen sind, daß die Bilanzwerte selbständig festzustellen wären, wenigstens etwas in ihrer Meinung erschüttert worden wären, so würde dies dem Verfasser vorläufig genügen. Denn die Betreffenden dürften nach Kenntnisnahme der Ausführungen in den §§ 4 bis 8 sich schwerlich noch der Ansicht verschließen, daß sich die kaufmännische Bilanz richtig nur auf der Basis der Selbstkosten, wie sie in den Geschäftsbüchern enthalten sind, feststellen läßt.

In diesem Zusammenhange möchte der Verfasser nicht unterlassen, auf ein Moment hinzuweisen. Wie so oft[1], so dürfte auch hier auf die falsche Ideenverbindung des Fernerstehenden der Sprachgebrauch erheblich

[1] Siehe unten § 7 sowie Fischer S. 193 ff., 264 ff. u. 299 ff.

eingewirkt haben: Die Eingeweihten verbinden mit bestimmten Worten ganz bestimmte Begriffe; diese sind dem Laien fremd und er legt dem Worte nicht die spezielle, sondern die allgemeine Bedeutung unter: Die kaufmännische Buchführung wird, offenbar i. Gegensatz zur Methode der Einnahmen und Ausgaben, die eine derartige Rechnung nicht ist, eine Rechnung der Bestände oder auch des Vermögens und seiner Teile genannt. Das ist nun die Bilanz ohne Zweifel. Aber man darf dann diese Ausdrücke auch nur cum grano salis, nämlich so auffassen, wie die Kaufleute sie verstehen und allein verstehen können, nämlich als eine Vermögensaufstellung auf der Grundlage und im Rahmen der Buchführung, die mit ihren Bestandsaufzeichnungen die Grundlage für die Bilanz liefert; aber nicht entfernt als eine Vermögensaufstellung, bei der die einzelnen Vermögensteile eine selbständige, d. h. von der Buchführung losgelöste Existenz führten und auf die der Maßstab einer Werttheorie Anwendung zu finden hätte.

Der Kaufmann hält sich und muß sich bei den Beständen halten an die Ziffern der Buchführung, wenn er die Bestände, wenn er die Teile seines Geschäftsvermögens in die spezifisch-kaufmännische Vermögensaufstellung aufnimmt. Dieser sehr wesentliche Umstand wird aber gerade seiner Bedeutung in den Augen desjenigen, der der Praxis nicht kundig ist, durch die Werttheorie Simons völlig und durch diejenige von Reisch-Kreibig erheblich entkleidet. Allerdings modifizieren Reisch-Kreibig, Meister auf dem Gebiete der Buchführungs- und Bilanztechnik, ihre Werttheorie insofern, als auch sie den Bilanzwerten im Prinzip die obere Grenze mit den Selbstkosten ziehen. Aber indem sie die Werttheorie geflissentlich voranstellen und das Erscheinen der Selbstkosten in der Bilanz mit einer allgemeinen Werttheorie verteidigen, um nicht zu sagen, entschuldigen, verrücken sie den Gesichtspunkt völlig und setzen den Unkundigen in Verwirrung. Denn dieser vermag sich nicht zu erklären, warum die Ziffern der Buchführung in so auffallendem Maße in der Bilanz fortbestehen, warum die Bilanzwerte von dem Gesetze der Buchführungs- oder, was dasselbe ist, der Selbstkostenziffern beherrscht werden. An erster Stelle in die Wissenschaft dieser Tatsache und ihrer Gründe eingeführt zu werden, tut aber für den Laien dringend not. Sonst fällt er nämlich regelmäßig dem verhängnisvollen Irrtum anheim, es stände ihm frei, sich bei Bilanzaufstellung über die ihm ohnehin nicht recht verständlichen Ziffern der Buchführung hinwegzusetzen und allein mit Hilfe irgendeiner Theorie einen Wert zu konstruieren, den er für den wahren und allgemein zutreffenden hält.

Am Ende stellt der Laie das sich selbst konstruierte Truggebilde den nach seiner Meinung völlig falschen Bilanzwerten entgegen und glaubt, diese so „korrigieren“ zu dürfen.

Wenn der Laie jedoch in erster Linie darauf aufmerksam gemacht wird, daß es sich bei der Bilanz um eine Erfolgsberechnung handelt, daß eine Erfolgsberechnung für den Kaufmann unentbehrlich ist und daß jede andere Methode als die bilanzielle versagt, so dürfte auch der der Praxis Fernstehende nicht umhin können, die durch die Buchführung gegebenen Selbstkostenziffern als die Ziffern der allein richtigen Erfolgsberechnung zu respektieren, und wird der Kontinuität der Buchführungs- in den Bilanzziffern das Zugeständnis eines Gesetzes nicht versagen.

Erst wenn im Leser die Überzeugung hinlänglich befestigt ist, daß das Fundament der Bilanz ein rechnungsmäßiges ist, wird es der Verfasser unternehmen, auf die wirtschaftlichen Momente näher einzugehen, die bei der Feststellung der Bilanzwerte zweifellos mitsprechen.

§ 4. Verhältnis der Inventur zur Bilanz.

Die Wurzel für den typischen Laienirrtum, die Feststellung der Bilanzwerte habe sich auf der Basis einer selbständigen Bewertung zu vollziehen, ist zweifellos in dem Verkennen des Zweckes der Inventur zu suchen. Denn wer die Wahrnehmung macht, wie sich in der Praxis anläßlich der Inventur wirtschaftliche Erwägungen, zum Teil in sehr erheblichem Umfange, geltend machen, und wer diese ziemlich schwer zu würdigende Wahrnehmung falsch einschätzt, wird gewöhnlich der Annahme zuneigen, die wirtschaftlichen Erwägungen ständen nicht auf dem Boden der Selbstkosten.

In Wirklichkeit ist aber der Zweck der Inventur allein der, den Umfang der Selbstkosten bei Gelegenheit der Anfertigung des Rechnungsabschlusses nachzuprüfen und zu kontrollieren. Nur dürfte dieser Akt seit Aufkommen der Sitte, daß der Kaufmann jährlich seine Erfolgsrechnung aufmacht, durch die nach und nach gesammelten und überlieferten Kenntnisse und Erfahrungen wirtschaftlicher Art eine Vertiefung und Ausbildung, nämlich im Sinne einer schärferen Fassung des Begriffes des Reinvermögens und Reingewinnes, und damit dürfte die Erfolgsrechnung eine erhebliche Verbesserung erfahren haben. Eben darum ist vor der höher- und weiterentwickelten jedenfalls die ursprüngliche, die erste Aufgabe der Inventur zum Gegenstande der Betrachtung zu machen. Die

Inventur hat von Anbeginn an die Aufgabe zu erfüllen gehabt und hat sie noch heute zu erfüllen, am Ende der Rechnungsperiode den Abgang von Beträgen, die im Laufe der Periode infolge eines außerhalb der Rechnungsführung liegenden und deshalb nicht verlautbarten Umstandes verloren gegangen waren, zu ermitteln, mit andern Worten, die unstimmig gewordene Kostenrechnung wieder stimmend zu machen.

Selbst dann nämlich, wenn die Bücher das Geschäftsjahr über durchaus ordnungsmäßig geführt worden sind, brauchen sie doch am Jahresende mit den tatsächlichen Verhältnissen nicht im Einklange zu stehen und sie werden auch tatsächlich oft nicht im Einklang stehen. Denn es ist zu bedenken: es können Waren, unbekannt wie, verloren oder sonst, z. B. durch innern Schwund, Leckage, abhanden gekommen sein; es können Waren beschädigt, gestohlen oder verdorben worden sein. Gelder, die nach der Buchführung in der Kasse vorhanden sein müßten, können fehlen. Ferner können Schuldner in schlechte Vermögensverhältnisse geraten und die betreffenden Außenstände können ganz oder teilweise als uneinbringlich anzusehen sein. Kurz, es können an den Beständen Abgänge stattgefunden haben, die von der Buchführung nicht registriert worden sind. Die Inventur hat nun solche, bisher bücherlich nicht verlautbarte Abgänge für die Buchführung zu konstatieren.

Wenn die Bücher in Ordnung gehalten werden sollen, so hat eine periodisch wiederkehrende Durchsicht der Bestände zu erfolgen. Sie ist also für die Aufrechterhaltung der Buchführung unerläßlich. Daher schreibt sich die später zum gesetzlichen Gebote erhobene Sitte der Kaufleute, in periodischen Zwischenräumen die Bestände und an ihnen die Richtigkeit der Buchführung nachzuprüfen. Zweckentsprechenderweise hat man die Inventur mit der ebenfalls periodisch aufzumachenden Erfolgsberechnung zusammengelegt, in der Art, daß die Inventur der Bilanz unmittelbar voranzugehen hat. Denn bei einem zeitlichen Abstand zwischen Inventur und Bilanz würden ja die unkontrollierten und deshalb möglicherweise falschen Ziffern der Bücher von der Erfolgsrechnung aufgenommen werden.

Demnach wird allerdings bei der Inventur an den Buchführungsziffern korrigiert. Aber doch nur insofern, als bisher unterlassen worden ist, eine bereits am Geschäftsvermögen stattgehabte Abminderung in den Büchern einzutragen, und als dadurch die Kostenziffern falsch ausgewiesen werden.

Das Wesen der Inventur ist niemals geändert, es ist, wie schon angedeutet, infolge der steigenden Erfahrungen der kaufmännischen Kreise durch Präzisierung des wirtschaftlichen Begriffes des Rohertrages immer schärfer herausgebildet worden. Deshalb kommt auch unter dem höheren Gesichtspunkte der Inventur, der von § 9 ab behandelt werden wird, auch nur eine erhöhte Abminderung der Selbstkosten, aber nicht entfernt ein Überschreiten dieser Kosten nach oben in Betracht. Deshalb wäre es auch ganz verfehlt, in dem der Buchführung dienenden Kontrollakt der Inventur den Akt einer selbständigen Bewertung zu erblicken: die Ziffern der Bilanz sind stets geblieben, was sie von jeher waren, die Ziffern der kaufmännischen Erfolgsaufstellung.

§ 5. Das Prinzipwidrige, das in dem Überschreiten des Selbstkostenpreises bei den zur Veräußerung bestimmten Sachen liegt.

Die unbedingte Notwendigkeit der Sitte, anläßlich der Inventur und Bilanz den Selbstkostenpreis der vorhandenen Bestände nicht zu überschreiten, dürfte durch die vorangegangenen Ausführungen im Prinzip genügend begründet und damit dürfte die opinio iuris et necessitatis für das Verhalten der Kaufleute hinlänglich dargetan sein.

Wohl aber könnten gerade bei den zur Veräußerung bestimmten Sachen die Anhänger des objektiven Wertes die alleinige Richtigkeit des Selbstkostenpreises von einer anderen Seite her, und zwar, wie es scheint, sehr wirksam bekämpfen, mit dem Anführen nämlich: Wenn auch vielfach, vorzüglich bei Gebrauchsgegenständen sowie bei Halb- und Ganzfabrikaten, das strikte Einhalten des Selbstkostenpreises zu beobachten wäre, so doch keineswegs bei den zur Zeit der Inventur aufzunehmenden Vorräten an Rohmaterialien und auch nicht bei Waren in reinen Verkaufsgeschäften; hier könnte ein konstanter Brauch der Kaufleute, sich in den Grenzen der Selbstkosten zu bewegen, nicht behauptet werden, da sie bei steigenden Konjunkturen Rohmaterialien und Waren unter einer, wenn auch nicht erheblichen, Steigerung des Selbstkostenpreises anzunehmen pflegten.

Daß Fälle dieser Art häufig genug vorkommen, soll ohne weiteres zugegeben werden. Aber sie dürften, wenigstens bei näherer Untersuchung, nicht sowohl als ein Argument gegen, als gerade für den allein zutreffenden Selbstkostenpreis zu verwerten sein.

Dabei möchte der Verfasser von der Schilderung eines persönlichen

Erlebnisses ausgehen, weil es mehr, als alle abstrakten Darlegungen vermöchten, die Ansichten der Kaufmannswelt in diesem Punkte kennzeichnet. Gelegentlich des Zusammentreffens mit den ihm bekannten Fabrikanten G. und Z. stellte der Verfasser die Frage, zu welchem Betrage sie ihre Rohmaterialien bei der Inventur einsetzten. Z. gab zur Antwort: niemals über den Fakturenpreis, einschließlich der Zoll- und Frachtspesen. G. hingegen äußerte: unter einem nicht bedeutenden Aufschlag zu diesen Spesen, sofern man sich zur Zeit der Inventur in einer ansteigenden Konjunktur befinde, aber keinesfalls so, daß der Tagespreis (es handelte sich um Rohmaterialien mit einem Marktpreise) erreicht würde. Auf die weitere Frage an G., wie er denn zu den höheren Beträgen, als den Selbstkosten käme, lautete die Erwiderung: weil ja das abgelaufene Jahr die Unkosten getragen hätte. Der Sinn dieser wenigen Worte geht, in das allgemein Verständliche übertragen, dahin: wenn seit der Anschaffung der Warenpreis gestiegen und sein alsbaldiger Rückgang nicht zu besorgen ist, dann dürfe man den Rahmen der Selbstkosten weiter, als es die strenge Regel zulasse, fassen; dann wäre es erlaubt, nach Verhältnis der bei der Inventur vorhandenen Warenbestände eine Quote der auf dem Geschäftsbetriebe lastenden Unkosten als Selbstkosten, als Gestehungskosten zu behandeln und unter diesem Gesichtspunkte zu aktivieren.

Aber das ist noch nicht alles. G. erklärte nämlich weiterhin: er würde bei dem Z.schen Betriebe genau so, wie Z. verfahren, und niemals über die Selbstkosten im engern Sinne hinausgehen, und Z. meinte seinerseits: er werde zwar stets im eigenen Betriebe die strenge Grenze einhalten, aber ein Überschreiten dieser Grenze wäre im G.schen Betriebe wohl statthaft. Woher kam diese Differenzierung? Einfach daher, daß Z. Inhaber einer Fabrik war, in der sehr große Posten Rohmaterial jahrelang lagern mußten[1], um verarbeitungsfähig zu werden, während G. sein Rohmaterial sogleich in Arbeit nehmen konnte. Folglich konnte auch allein im G.schen Betriebe und nicht auch in demjenigen von Z. ein Teil der Generalunkosten des abgelaufenen Jahres in das Vorrätekonto mit einbezogen werden: zwar wurde von G. das Prinzip der Selbstkosten verletzt, aber immerhin war das Verschieben der Selbstkostenrechnung mit deren praktischer Anwendung noch verträglich. Hingegen

[1] Man denke an Hölzer in Möbel- und Pianoforte-, sowie an Tabak in Tabakfabriken.

wäre die Selbstkostenrechnung von Grund auf zerstört worden, wenn Z. seine großen Bestände, und zwar nicht bloß aus dem Anschaffungsjahr in das nächste, sondern sogar in die weiterhin folgenden Rechnungsjahre zu einem anderen, als dem Selbstkostenpreise hätte übernehmen wollen.

Der Fall lehrt demnach: Einmal rechtfertigen die gestiegenen Warenpreise nach der Ansicht der Kaufleute nicht etwa unmittelbar, auf Grund einer selbständigen Bewertung, sondern erst mittelbar, nämlich unter dem Gesichtspunkte eines gegen die Regel verschobenen Selbstkostenwertes, das Einsetzen der Waren zu einem höheren, als dem Anschaffungspreise in der Bilanz. Zweitens: der Selbstkostenbegriff wird in der Praxis immer noch so respektiert, daß der Charakter der Bilanz als Selbstkostenrechnung aufrecht erhalten bleibt. Am Ende drittens: eine solche Bilanzierungsweise, die von der Praxis als ein nicht zu flagranter Verstoß gegen das Prinzip der Selbstkostenrechnung noch nachgesehen wird, ist und bleibt nichts destoweniger eben ein Verstoß gegen das Prinzip. — Damit ist bewiesen, was bewiesen werden sollte, und damit könnte dieser Paragraph eigentlich abgeschlossen werden. Doch der Verfasser möchte das Thema nicht verlassen, ohne dem mit der Materie der Bilanz nicht vertrauten Leser an einem Beispiele gezeigt zu haben, zu welchen geradezu unglaublichen Resultaten man gelangt, wenn die zur Veräußerung während einer ganzen Reihe von Jahren erworbenen Gegenstände in den Bilanzen der einzelnen Jahre unter völliger Ignorierung des Erwerbspreises zu dem jeweiligen Veräußerungspreise eingesetzt werden. Als Beispiel wird die Art gewählt, wie nach den vom preußischen Oberverwaltungsgericht aufgestellten Grundsätzen die Bewertung der noch ungeförderten Substanz eines Bergwerkes zu erfolgen hat. Inwiefern die genannten Grundsätze in diesen Zusammenhang gehören, dürfte aus Folgendem erhellen.

Stein- und Kalkbrüche, Torf- und Sand-, Lehm- und Tongruben und vor allem Bergwerke sind wirtschaftlich als ungeheure Lager von Beständen aufzufassen, die im Laufe der Jahre weiterveräußert werden sollen, entweder unbearbeitet, wie Kohle, Torf und teilweise auch Steine, oder bearbeitet. Dahin zählen Koks, die behauenen Steine aus dem Sandstein- und der in Kalköfen gebrannte Kalk aus Kalkbrüchen sowie endlich die zu Ziegeln verarbeitete Ausbeute aus Lehmgruben und die aus Bergwerken entnommenen und aufbereiteten Erze. Ob das betreffende Lager im Wege des Grundstückskaufes oder durch Abschluß solcher Verträge erworben wird, durch die der bisherige Eigentümer dem Ausbeutelustigen nur das Unterirdische veräußert, während er das Oberflächengrundstück zurückbehält, ist für die Zweckbestimmung der um der Weiterveräußerung willen erworbenen Bodenbestandteile ohne Bedeutung.

Wenn nun das Abgraben, Ausstechen, Fördern, kurz, wenn der Ausbeutebetrieb begonnen hat, so mindert sich doch zusehends die Quantität der Bodenbestandteile. Folglich muß auch von dem ihnen errichteten Konto, auf dem die Kosten für ihren Erwerb eingetragen worden sind, stetig abgeschrieben werden. Dies geschieht nach demselben Verhältnis, in dem die jahrsüber geförderte zu der bei Beginn des Betriebes angestandenen Substanzmenge steht. Ist also beispielsweise der 50. Teil der ursprünglichen Substanzmenge gefördert worden, so ist auch vom Bergwerkskonto der 50. Teil abzusetzen.

Eine Anomalie weisen allerdings die Abschreibungen der Praxis auf die Bergwerkssubstanz auf. Korrekterweise müßten nämlich ebenso, wie in Fabrikbetrieben die vom Rohmateriallager in den Produktionsprozeß eintretenden Vorräte mit ihren Anschaffungskosten vom Rohmaterial- auf das Fabrikationskonto übernommen werden, in Bergwerksbetrieben die den Monat über geförderten Substanzteile am Monatsende mit ihren Erwerbskosten vom Bergwerkssubstanz- auf ein anderes Aktivkonto, z. B. auf Erze-, Kohlenkonto, überführt werden. Statt dessen wird in der Praxis am Schlusse des Jahres die der Jahresförderung entsprechende Quote der Erwerbskosten vom Bergwerkssubstanzkonto abgesetzt und über Gewinn- und Verlustrechnung abgeschrieben. Das ist, wie gesagt, eine buchmäßige Anomalie, aber sie führt am Ende auf das gleiche Resultat, wie die andere Methode, hinaus;[1] allein in Ansehung der für die Jahresrechnung nicht allzusehr in das Gewicht fallenden Vorräte an geförderten Kohlen und Erzen, die am Jahresschlusse noch auf Lager, also noch nicht weiterveräußert sind, besteht eine wirkliche Differenz. Es ist daher im allgemeinen nicht sonderlich von Bedeutung, ob man während des Jahres die Erwerbskosten für die geförderte Substanz auf ein anderes Bestandskonto über- oder ob man sie am Jahresende als Verlust abschreibt.

Wie aber auch immer die Abschreibungen vorgenommen werden

---

[1] Es handelt sich um eine, in der Jahresrechnung sich wieder ausgleichende Verschiebung von Roh- und Reingewinn; näheres hierüber bei Fischer S. 113 ff.

mögen, es steht unter allen Umständen fest, daß vom Bergwerkssubstanzkonto abgeschrieben werden muß, da ja die Abminderung der Bergwerkssubstanz evident ist. Welche Behandlungsweise aber schreibt das Oberverwaltungsgericht für die Bergwerkssubstanz vor, und zwar selbst bei Gewerkschaften, die gemäß § 2 HGB. als Vollkaufleute und deshalb auch als bilanzfähig im Sinne der Einkommensteuergesetze anzusehen sind? Zwar sieht auch das OVG. die noch ungeförderte Substanz eines Bergwerkes als eine zur Weiterveräußerung bestimmte Sache an. Aber es setzt auf Grund der heute noch angewendeten Entscheidung vom 19. XII. 1888 in Band 17 S. 128 ff. ohne jede Rücksicht auf die Kosten, die zu Erwerbszwecken verausgabt worden sind, den Wert der jeweilig noch im Bergwerk anstehenden Kohlen und Erze nach dem derzeitigen Veräußerungspreise der Kohlen und Erze fest; nur wird davon mit Bezugnahme auf die in Zukunft liegenden Jahresförderungen deren Diskontwert gekürzt. Auf die Art, wie das OVG. im einzelnen den Wert ermittelt — es benutzt hierfür eine komplizierte algebraische Formel — kommt es hier weniger an, als vielmehr darauf, festzustellen, von welcher Grundlage aus das OVG. zu seiner Ansicht gelangt. Und diese Grundlage besteht anerkanntermaßen im derzeitigen Veräußerungswert der Bergwerkssubstanz.

Infolgedessen können Fälle wie diejenigen eintreten, die Simon bei Bekämpfung des OVG. in seinem Gutachten[1] S. 44 anführt, daß ein Bergwerk im ersten Jahre mit 30, im zweiten mit 40, im dritten mit 20 und im vierten mit 25 Millionen eingesetzt, daß also, obwohl in jedem Jahre die Substanz immer weniger wird, im zweiten Jahre der Wert des Bergwerkes um 33 % höher, als im ersten, und im vierten um 25 % höher, als im dritten, angenommen wird. Das sind handgreifliche Unrichtigkeiten, wenigstens, wenn man als Maßstab einer ordnungsmäßigen Bilanz den einer vernünftigen Erfolgsberechnung anlegt. Deshalb wird auch diese Methode von jedem, dem das Wesen der Bilanz bekannt ist, unbedingt verurteilt; zu vergl. Simon in seinem Gutachten S. 44 ff.; Reisch-Kreibig II S. 284 ff.; v. Wilmowski S. 43 ff.; Fischer S. 111 ff. Sämtliche Stimmen, die gegen die Methode des OVG. laut geworden sind, rügen, daß sie unvereinbar mit

---

[1] Gutachten über den Einfluß des BGB. und des HGB. auf die preußischrechtlichen Gewerkschaften, Essen 1900.

einer rationellen Ertragsberechnung sei. Gerade dieser Punkt ist hervorzuheben. Denn es kann im Sinne einer selbständigen Bewertungsmethode etwas sehr zutreffend und doch gleichzeitig grundfalsch im Sinne einer vernünftigen Ertragsberechnung sein. Diese Beobachtung werden wir anderwärts bestätigt finden.

Ist nun die Bewertungsmethode des OVG., so muß man weiter fragen, auch unvereinbar mit dem § 40 HGB., der gemäß § 13 des preuß. Einkommensteuerges. in Verb. mit § 2 HGB. in Anwendung zu kommen hat? Die Antwort kann nur dahin ausfallen: Das OVG. ist durch den § 40 HGB. völlig gedeckt. Niemand wird aus dem zit. § 40 das OVG. widerlegen und leugnen können, daß der § 40 eine selbständige Bewertung zum derzeitigen Werte vorschreibe. Nie ist in der Literatur oder gar in der Judikatur ein Zweifel hierüber laut geworden. Und es kann auch gar kein Zweifel darüber bestehen. Denn an eine Rücksichtnahme auf die Ziffern der Buchführung als den ausschlaggebenden Faktor für die Feststellung der Bilanzwerte haben die Urheber der gesetzlichen Bilanzierungsvorschriften gar nicht gedacht.

Wenn der Leser hierdurch befremdet wäre und einwenden sollte: eine solche Schlußfolgerung wäre doch unmöglich; denn der Gesetzgeber habe doch unmöglich eine die Grundlage einer vernünftigen Erfolgsberechnung vernichtende Bewertungsmethode vorgeschrieben, so kann ihm nur erwidert werden: gewiß ist das möglich, und zwar sehr leicht möglich. Denn der Gesetzgeber hat sich in einem, wenn auch entschuldbaren Irrtum über das Wesen der Bilanz und die Bedeutung der von ihm angeordneten Bewertungsmethode befunden. Nur bleibt dieser Irrtum und der daraus resultierende Zwiespalt zwischen den Bilanzwerten des Gesetzes und denen der Wirklichkeit den Blicken für gewöhnlich verborgen. Sie werden bloß an einzelnen Stellen sichtbar, dort nämlich, wo die Juristen nicht anstehen, an sich logisch die letzten Konsequenzen aus dem § 40 HGB. zu ziehen, gleichviel ob diese Konsequenzen mit der Wirklichkeit ganz unverträglich sind. Um eine derartige Stelle handelt es sich hier und deshalb wurde sie als Beispiel vorgeführt.

Was aus dem Irrtume des Gesetzgebers für die Bedeutung und die Gültigkeit des § 40 im Systeme des Handelsgesetzbuches zu folgern ist, wird nachstehend in § 8 erörtert werden.

§ 6. Das Prinzipwidrige, das in dem Überschreiten des Selbstkostenpreises bei den zum Gebrauche bestimmten Sachen liegt.

Zugrunde gelegt wird die bekannte Entscheidung des Reichsoberhandelsgerichts im 12. Bande S. 16ff. Darin heißt es:

„....... Unter dem als maßgebend für die Bilanz zu ermittelnden gegenwärtigen Werte ist aber überall der allgemeine Verkehrswert im Gegensatze zu einem, nur auf willkürliches subjektives Ermessen oder auf Spekulation zurückzuführenden Wertanschlage zu verstehen, woraus folgt, daß Vermögensbestandteile (Aktiva und Passiva), die einen Markt- oder Börsenpreis (Kurs) haben, der Regel nach zu dem sich hieraus ergebenden Werte in die Bilanz einzustellen sind, während für andere Vermögensbestandteile deren gegenwärtiger objektiver Wert auf sonstige Weise zu ermitteln ist.

Etwas von diesen allgemeinen Rechtsgrundsätzen Abweichendes hat auch das HGB. nicht bestimmt, wenn es .... in Art. 31 vorschreibt" (folgt der Art. 31).

„Aus dieser, allerdings nur unvollständigen Instruktion ist vielmehr ebenfalls nur das Prinzip zu entnehmen, daß die Bilanz überhaupt, mithin auch in Ansehung der nicht hervorgehobenen Punkte, der objektiven Wahrheit möglichst nahe kommen soll..... Der Bilanz liegt hiernach in der Tat die Idee einer fingierten allgemeinen Realisierung sämtlicher Aktiva und Passiva zugrunde, wobei doch davon ausgegangen werden muß, daß in Wirklichkeit nicht die Liquidation, sondern vielmehr der Fortbestand des Geschäfts beabsichtigt wird und daß daher bei der Ermittelung und Feststellung der einzelnen Werte derjenige Einfluß unberücksichtigt zu lassen ist, welchen eine Liquidation auf dieselben ausüben würde."

Wenn man in Gemäßheit dieser Entscheidung, die ebenso von den Kommentatoren des HGB. wie von den Buchführungsschriftstellern zitiert wird, die Anlageobjekte des kaufmännischen Vermögens, d. h. die Gebrauchsgegenstände im engeren und im weiteren Sinne, also in erster Linie Baulichkeiten, Maschinen, Zugtiere, dann aber auch Patent-, Verlags- und Musterschutzrechte, bewerten soll, so wird man erhebliche Zweifel nicht unterdrücken können. Allerdings liegt nach den ersten Sätzen, wo die Gegenstände mit einem Tagespreis sämtlichen anderen, also auch den zum Gebrauche bestimmten Gegenständen gegenübergestellt werden, die Annahme nahe, daß auch sie ohne Unterschied zu dem ja überall maßgebenden allgemeinen Veräußerungswert einzusetzen wären. In dieser Weise wird jedoch die Entscheidung nicht, besser wohl: nicht mehr ausgelegt. Denn die älteren Kommentatoren differenzierten noch nicht, wie es die jetzigen tun, zwischen dem objektiven Werte der Veräußerungs- und dem objektiven Werte der Gebrauchsgegenstände. Mit dem Aufkommen dieser Unterscheidung dürfte es wohl folgende Bewandtnis haben:

Zuerst hielt man sich bei der Interpretation des Art. 31 an das Gesetz und allein an dieses, das keinerlei Unterschied macht. Erst später schenkte man auch der Praxis Beachtung und machte die Wahrnehmung, wie hier bei den Gegenständen des Anlagevermögens nie über den Selbstkostenpreis hinausgegangen, sondern stetig davon abgeschrieben wird. Ein großer Anteil an dieser Erkenntnis gebührt offenbar dem Simonschen Werke: Simon führte den Unterschied der zur Veräußerung und der zum Gebrauche bestimmten Sachen in die Theorie ein und er gab vor allem eine ausführliche und vorzügliche Darstellung der dem Gebrauche dienenden Sachen. Infolgedessen wurde klar, daß, gemessen an der Praxis, der Veräußerungswert für Anlageobjekte in der bisherigen Allgemeinheit nicht mehr aufrecht zu erhalten war.

Von da ab spalteten sich die Meinungen. Die einen blieben bei dem vom Gesetze unterschiedslos angeordneten und deshalb auch nach ihrer Ansicht ohne weiteres für Anlagegegenstände anzuwendenden Veräußerungspreise stehen. Sie stellten sich augenscheinlich auf den Standpunkt: die Behandlung der Anlagegegenstände in der Praxis möge sein, welche sie wolle, unter allen Umständen wäre der vom Gesetze angeordneten Bewertungsmaxime nachzugehen; so das Kammergericht, zu vergl. dessen Entscheidung im Urteile des Reichsgerichts in der Holdheimschen Monatsschrift 1908 S. 126; so ferner das sächs. Oberverwaltungsgericht, zu vergl. die Jahrbücher dieses Gerichtshofes Bd. 1 S. 343ff. und Bd. 3 S. 274ff.

Die anderen, vorzüglich die Kommentatoren, wollten sich offenbar mit dem Selbstkostenwerte der Praxis abfinden und suchten, zwischen diesem und dem Veräußerungswerte des Art. 31 auf folgende Weise zu vermitteln. Sie legten fortan den Nachdruck auf denjenigen Teil der Entscheidung des ROHG., der von der Geschäftsveräußerung handelt, und erklärten: es wäre vom Gesetze derjenige Wert gemeint, der sich ergebe, wenn man sich das Geschäft im ganzen, aber nicht, wenn man sich die einzelnen Vermögensobjekte veräußert vorstellte. Deshalb wurde Simon, als er der Entscheidung des ROHG. vorwarf, sie wäre in sich widerspruchsvoll, eingehalten: das wäre sie durchaus nicht; denn es wäre doch im Falle der Veräußerung der einzelnen Gebrauchssachen, namentlich anläßlich der Liquidation, auf die ja nach der Entscheidung des ROHG. gerade nicht abgestellt werden dürfe, der Preis ein völlig anderer, wie dann, wenn das Geschäftsvermögen im ganzen veräußert und als Vermögenskomplex weiterbestehen würde; allein diesen, den Geschäftsveräußerungswert, habe der Gesetzgeber bei den Anlagegegenständen vor Augen gehabt.

Diese Deduktion hat ohne Zweifel etwas sehr Bestechendes an sich und in dieser Form konnte dann der Veräußerungswert des Gesetzes und der Selbstkostenwert der Praxis auch nebeneinander fortexistieren. Ob freilich für immer, darüber möge der Leser selbst urteilen.

Um sich etwas Positives unter den Werten vorzustellen, die bei einer bloß angenommenen Geschäftsveräußerung in Betracht kommen, hat man jedenfalls von einer wirklichen Geschäftsveräußerung auszugehen. Wenn die Theorie der nur gedachten Geschäftsveräußerung Anspruch auf Richtigkeit erhebt, so muß sie unbedingt für sich gelten lassen, was bei einer tatsächlichen Geschäftsveräußerung als wertbestimmender Faktor in Betracht und wie dieser Faktor ziffernmäßig zum Ausdrucke kommt. Unterziehen wir daher die Vorgänge einer wirklichen Geschäftsveräußerung einer näheren Betrachtung.

Wenn ein Kaufmann sein Geschäftsvermögen veräußern will, so wird ihn der als Käufer Auftretende in der Regel zum buchmäßigen Nachweis der früheren Erträgnisse auffordern und sodann erwägen: der jetzige Inhaber des Geschäftes verlangt so und soviel über den Buch-, d. h. den Selbstkostenwert hinaus; bis zu welcher Grenze kann ich gehen, um auf eine angemessene Verzinsung der von mir in dem Geschäfte anzulegenden Mittel rechnen zu können? Danach richtet der Kauflustige seine Offerte ein. Das, was er mit der den Buchwert übersteigenden Summe bezahlen will, ist also die Chance, mit dem Geschäftsvermögen in complexu einen bestimmten Ertrag zu erzielen, und die größere oder geringere Wahrscheinlichkeit dieser Chance basiert er auf der Tatsache, daß der bisherige Inhaber während der voraufgegangenen Jahre so und soviel verdient hatte; das ist also der ausgesprochene

Standpunkt der Ertragskapitalisierung. Denn es wird argumentiert: wenn der bisherige Inhaber mit dem Geschäfte bestimmte Erträgnisse erzielt hat, so besteht diese Chance ganz oder zum mindesten größtenteils unter einem anderen Inhaber weiter.

Kommt dann ein Vertrag über die Geschäftsveräußerung zustande und zahlt z. B. der Käufer für die Summe der Aktiven von 100000 Mark, denen — der Einfachheit halber — keine Kreditoren gegenüberstehen sollen, mit Rücksicht auf die bisherige Entwicklung des Geschäftes 130000 Mark, so beläßt er bei Übernahme des Geschäftes die Bestandskonten auf ihrer bisherigen Höhe und stellt die 30000 Mark entweder überhaupt nicht in die Eröffnungsinventur und -bilanz ein oder, wenn es schon geschieht, auf einem besonderen Konto, das den Namen Geschäftserwerbs- oder Firmenerwerbskonto führt. Dieses Konto wird bei Aufstellung der 3 bis 5 nächsten Jahresbilanzen abgeschrieben.[1]

Würde es sich hingegen um eine solche Veräußerung des Geschäftes handeln, bei der das Geschäft in eine zu gründende Aktien- oder Gesellschaft m. b. H. eingebracht wird, so würde zunächst — wenn es nicht eine Familiengründung wäre — der Gegenwert, den die Vorbesitzer in Form von Aktien oder von Geschäftsanteilen von der neuen Gesellschaft erstattet erhalten, beträchtlich höher, als sonst angenommen werden. Wenn sonst die Vorbesitzer mit etwa 25 bis 30 Prozent über den Selbstkostenwert vorlieb nehmen würden, so würde die Gesellschaft 40, 50 und noch mehr Prozent zu entrichten haben.

Aber nicht allein die Bemessung, sondern auch die buchmäßige Behandlung des Geschäftswertes fällt anders wie gewöhnlich aus. Von vorne herein ist es natürlich ausgeschlossen, daß der Geschäftswert hier gänzlich aus der Eröffnungsinventur- und Bilanz wegbleibt. Interessant ist nun die Art, wie man ihn aktiviert, und das Motiv, das hierfür maßgebend ist.

Die Gründer gehen bei Aktiengesellschaften darauf aus, sich in absehbarer Zeit ihres Aktienbesitzes zu entäußern und — bedauerlicherweise — ist auch die Zahl derjenigen Gründungen von Gesellschaften m. b. H., wo die Gründer von Anfang an die Weiterveräußerung der Geschäftsanteile im Auge haben, sehr groß geworden und immer noch in Zunahme begriffen. Würde nun der Geschäftswert, wie es sonst geschieht, auf einem besonderen Konto aktiviert werden, so würde das für die

[1] Über die Gründe der Abschreibung s. unten § 12.

Gründer sehr unangenehm sein. Denn durch Einsicht der Bilanzen würde dann den eventuell Kauflustigen offensichtlich werden, in welcher Weise bei der Gründung gegen früher die Ziffer des gewinnbringenden Einlagevermögens in die Höhe geschraubt oder wie dieses, um einen terminus technicus zu gebrauchen, verwässert worden ist. Das würde also auf die Kauflust abschreckend wirken und den Kaufpreis herabdrücken. Deshalb würde zweifellos die gewöhnliche Verbuchungsweise, wenn sie gewählt wäre, die Gründer auch, wenn schon gegen ihren Willen, vielfach dahin bringen, das Illationskonto wieder abzuschreiben, um es den Blicken Unberufener zu entziehen.

Damit aber würde wiederum die Höherbewertung des Unternehmens bei der Gründung später wieder aufgehoben werden, mithin ein Hauptzweck des Gründungsvorganges, ganz abgesehen davon, daß man durch Abschreibungen auf das Geschäftserwerbs- oder Illationskonto sehr leicht in dividendenlose Geschäftsjahre, ja in Unterbilanzen hineingeraten könnte.

In diesem Dilemma bildet sonach das Ideal für die Behandlung des Geschäftswertes bei Gründungen eine Buchungsweise, durch die er einerseits versteckt und andererseits auf lange Zeit konserviert wird: man schlägt den Geschäftswert einfach auf die Anlagekonten. Dadurch erreicht man diesen Doppelzweck vollständig. Denn einmal wird der Geschäftswert, also der von den Gründern bei der Gründung über die Selbstkosten erzielte Gewinn, und damit wird das künstliche Erhöhen des zur Zeit der Gründung im Unternehmen wirklich investiert gewesenen Vermögens verwischt. Zweitens werden auf diese Weise die Abschreibungen sehr verlangsamt, ja bei Zuschlägen auf den fundus wird der Geschäftswert stabilisiert.

Kehren wir nach diesem Exkurs über den Geschäftsveräußerungswert der Praxis zu dem Geschäftsveräußerungswert der juristischen Theorie zurück. Derjenige Gerichtshof, in dessen Urteilen der Geschäftsveräußerungswert am häufigsten anzutreffen ist, ist das preußische Oberverwaltungsgericht. Es handelt davon E. i. St. Bd. 4 S. 176 sowie die in E. i. St. Bd. 5 S. 117 Anm. zitierte Entscheidung des OVG.; ferner die Entscheidungen E. i. St. Bd. 6 S. 33ff.; Bd. 8 S. 86ff., Bd. 10 S. 303.

Nach der feststehenden Ansicht des OVG. ist der Geschäftsveräußerungswert ebenso für die Berechnung des geschäftlichen Einkommens wie für die des Umfanges des Geschäftvermögens bei der Ergänzungs-

(Vermögens-)Steuer maßgebend. Daß die Berechnung des Einkommens der Vollkaufleute gemäß der Bilanz zu geschehen hat, wird in § 13 des preuß. Einkommensteuergesetzes vorgeschrieben und, daß die Berechnung des gewerblichen Anlage- und Betriebskapitals keine andere, wie die handelsrechtliche ist, wird in der sogleich näher zu besprechenden E. i. St. Bd. 6 S. 33ff ausdrücklich hervorgehoben. Weil hier die Methode sehr anschaulich dargestellt wird, so soll diese Entscheidung in extenso wiedergegeben werden.

Zuerst werden die Wertziffern der flüssigen Bestände, also von Kasse, Debitoren, Warenvorräten, und sodann werden die der Anlagewerte, insbesondere bei einem Fabrikgeschäfte, der Grundstücke, Gebäude und Maschinen, ermittelt. Nach Zusammenstellung aller dieser Einzelwerte ist der objektive Verkaufswert des Fabrikgeschäftes im ganzen zu ermitteln, wobei die Einzelfeststellungen teils als unmittelbar und zahlenmäßig verwendbare Rechnungsfaktoren, teils als Unterlagen und Hilfsmittel für die Bewertung im ganzen, insoweit also als mittelbare Rechnungsfaktoren in Betracht kommen. Es sollen demnach, wie bemerkt, sämtliche Einzelsachen, flüssige wie nichtflüssige, zunächst für sich und sodann sollen, ausgehend von den Immobilien, Maschinen und Gerätschaften, weil sie in ihrem Zusammenhange eine technische Einheit zur Herstellung von Erzeugnissen für den wirtschaftlichen Verkehr bildeten, diese Gegenstände nochmals, als die Fabrikanlage im engeren Sinne, in sich geschlossen bewertet und der so gefundene Wert der Fabrikanlage soll den zuvor festgestellten Einzelwerten zu- oder soll von ihnen abgesetzt werden, „denn der Fabrikant bezweckt durch die Zusammenfügung der einzelnen Teile zur Gesamtheit der Fabrikanlage die Erzielung eines höheren Gewinnes und gerade diese gewinnbringende Bestimmung der Fabrikanlage hat auch regelmäßig einen im Verkehre zum Ausdrucke gelangenden die Summe der Einzelwerte übersteigenden Wert der Anlage zur Folge."

Die auch im übrigen recht ausführliche Entscheidung gibt ferner eine eingehende Instruktion für die Würdigung der Einzelwerte, während sie eine Anleitung für die ungleich schwierigere Würdigung des Wertes der Fabrikanlage als Komplex so gut wie vermissen läßt. Sollte dies reiner Zufall sein oder nicht daher kommen, daß das OVG. in Verlegenheit geraten wäre, wenn es den Momenten für die Würdigung in dieser Richtung hätte nachgehen und sie hätte anführen wollen? Denn die Erträgnischance ist eben dasjenige, was über die Einzelwerte hinaus bei der Geschäftsveräußerung bezahlt wird, und derjenige Faktor, der der Kernpunkt einer derartigen Schätzung ist, derjenige, dem ein Ausmaß in Ziffern gegeben wird, sind die mit dem Geschäftsvermögen früher erzielten Erfolge.

Diese Methode, die klarermaßen die Methode der Ertragskapitalisierung ist, ist gegen den drohenden Vorwurf der Ertragskapitalisierung auch nicht etwa durch das Anführen zu schützen: es sei nicht der Wert des Geschäftes gemeint, den das Geschäft gerade für diesen Besitzer, sondern derjenige, den es ohne Zusammenhang mit der Person des jeweiligen Besitzers repräsentierte. Denn auch derjenige, der ein Geschäft effektiv kauft und einen höheren als den bisher darin investierten Selbstkostenbetrag bezahlt, stellt sich das Geschäft ebenfalls losgelöst von der Person des gegenwärtigen Inhabers vor. Es käme ihm doch gar nicht in den Sinn, ein Plus über die Selbstkosten hinaus zu entrichten, wenn das Geschäft die Erträgnischance mit dem Besitzerwechsel verlieren würde.

Es untersteht hiernach nicht mehr den geringsten Zweifeln: diese Methode heißt nicht mehr und nicht weniger, als den bisherigen Ertrag mehrfach berechnen, einmal nämlich in der regulären Weise und nachher so, daß der reguläre Gewinn kapitalisiert wird. Vom Standpunkte der Bilanz als der Erfolgs- und deshalb der Selbstkostenrechnung, die allein die aus dem Geschäftsvermögen organisch herauswachsende Vermehrung registriert, ist der Vorwurf der Ertragskapitalisierung der denkbar schlimmste, der erhoben werden kann. Die Sinnwidrigkeit dieser Methode wird besonders durch die Berechnung der Einkommen- und Vermögenssteuer auf Grund dieser Methode grell beleuchtet. Danach wird nicht allein derselbe Betrag ein-, zwei- und auch noch mehrfach als Einkommen besteuert, sondern er wird überdies von der Vermögenssteuer nochmals als Einkommen betroffen. Denn der Umfang des Geschäftsvermögens soll ja gemäß dieser Methode über seinen regelrechten Umfang hinaus unter Berücksichtigung des bisher erzielten Erfolges angenommen werden.

Die Theorie des Geschäftsveräußerungswertes läßt sich nur so lange aufrecht erhalten, als man nicht Ernst mit der Feststellung dessen macht, was man sich unter dem Werte des Geschäftes im ganzen vorzustellen hat. Dabei tritt noch ein weiterer Fehler hervor, der offenbar mit dem

Kapitalfehler der Ertragskapitalisierung im engsten Zusammenhange steht und ihm Vorschub leistet. Das OVG. und wohl jeder, der zu den Anhängern dieser Methode zählt, verlegt nämlich unwillkürlich den Sitz des Geschäftswertes in die Anlagen, weil die Anlagegegenstände in ihrer Einheit den Geschäftswert repräsentierten. Das ist aber eine Fehlansicht. Das Mittel zum Erwerbe wird von der gedachten Einheit nicht etwa bloß der Anlagegegenstände, sondern sämtlicher Vermögensobjekte ohne Ausnahme gebildet.

Das tritt ohne weiteres und zwar so, daß ein Widerspruch ausgeschlossen ist, bei der Veräußerung eines reinen Verkaufsgeschäftes zutage. Denn die Anhänger der Geschäftsveräußerungsmethode werden doch wohl nicht im Ernste behaupten wollen, daß, wenn einige Zehntausend mehr, als der Selbstkostenpreis ausmacht, für ein solches Geschäft bezahlt werden, das nur eine Anzahl geringwertiger Anlagegegenstände aufweist, die Kontorutensilien, Regale u. dgl., den Geschäftswert verkörperten. Es ist aber auch ganz irrig, bei der Veräußerung eines Fabrikationsgeschäftes den Wert des Geschäftes ausschließlich in den der Produktion von Waren dienenden Anlagen zu suchen. Wenn das richtig wäre, wenn es allein darauf ankäme, nur Waren zu produzieren, so wäre es in der Tat nicht schwer, ein Fabrikationsgeschäft zu betreiben: Waren müssen nicht allein hergestellt, sondern sie müssen auch ständig und möglichst gewinnbringend abgesetzt werden. Deshalb bedeutet bekanntlich auch bei Fabrikationsgeschäften die Kundschaft einen sehr wichtigen Faktor für die Bemessung des Wertes des Geschäftsvermögens im ganzen. Bestimmte einzelne Vermögensobjekte können eben niemals als sedes des Geschäftswertes in Betracht kommen, der Geschäftswert beruht vielmehr in der gedachten Vereinigung sämtlicher Vermögensobjekte. Wenn es noch einer Bestätigung dieser Ansicht bedürfte, so würde sie in dem Verhalten der Praxis, nämlich in dem den Aufwand für das Geschäft im ganzen einheitlich darstellenden Geschäftserwerbskonto, zu erblicken sein.

Durch die Art, den Geschäftswert gerade den Anlagegegenständen zuzuschreiben, verhüllt das OVG. ähnlich, wie es bei Gründungen geschieht, das Geheimnis des Geschäftswertes vor den Blicken Unkundiger. Nimmt man die schützende Hülle hinweg, so liegt nackt und bloß die Ertragskapitalisierung vor Augen. Während so das OVG., offenbar einem richtigen Empfinden folgend, noch davon Abstand nimmt, die beschriebene Methode als das zu bezeichnen, was sie ist, hat das Reichsgericht in der Entscheidung in Zivils. Bd. 19 S. 111ff. die Methode der Ertragskapitalisierung offen bei dem Namen genannt und in aller Form gutgeheißen. Zwar ist die Entscheidung vereinzelt geblieben. Aber da sie das Thema der Ertragskapitalisierung nicht nur streift, sondern ausführlich behandelt, und da sie ferner fast in allen Kommentaren angezogen wird, so ist es unerläßlich, dagegen Stellung zu nehmen. S. 119—121 finden sich Sätze wie folgende: „Diese letztere Erwägung legt klar, daß das Berufungsgericht nicht etwa lediglich die bestimmte Art der Verwendung der Jahresertragssumme im Wege der Kapitalisierung zur Festsetzung des Ertragswertes und die Ansetzung dieses Wertes, eines Rentenwertes, für unzulässig erachtet, daß es vielmehr überhaupt dem Ertrage der Fabrik eine Bedeutung für die Wertfeststellung versagen will. Damit ignoriert das Berufungsgericht gerade das wesentlichste Moment für die Wertermittelung, da man bei der Schätzung des Wertes im Betriebe befindlicher Anlagen der Wahrheit gerade dann am nächsten kommen dürfte, wenn man entsprechend einem mehrjährigen Ertrage unter der Berücksichtigung des Einflusses dauernder oder bloß vorübergehender Verhältnisse einen Wert kalkuliert.“ [1]

Zur Widerlegung der Ansicht, daß der Kaufmann jemals den kapitalisierten Ertrag in die Bilanz einstellte oder auch nur einstellen dürfte, sei nochmals auf das ganz unhaltbare Ergebnis verwiesen, das sich bei der Einkommens- und der Vermögensbesteuerung herausstellt. Ferner: wenn die in dem Urteil ausgesprochene Ansicht in der Wirk-

---

[1] Der Entscheidung lag eine von einem Gläubiger einer falliten Aktiengesellschaft gegen deren früheren Vorstand gerichtete Schadensersatzklage zugrunde. Der Kläger behauptete, es wären infolge zu hoch angesetzter Fabrikrealitäten unzulässige Dividende verteilt worden, und er nahm hierfür besonders auf die Überbewertung Bezug, die nach seiner Angabe stattgefunden hätte, als das früher in Privatbesitz befindliche Unternehmen von seiten der Aktiengesellschaft übernommen worden war.

Wäre die Klage unmittelbar auf die Übergründung gestützt gewesen, so würde gegen das Urteil nichts einzuwenden sein. Das Reichsgericht stellt aber S. 112, 119, 120 gerade fest, daß die Klage direkt auf den Überbewertungen fußte, die anläßlich der Aufstellung einzelner Betriebsbilanzen vorgekommen sein sollten, und betont im ausgesprochenen Gegensatz zum Berufungsgerichte, daß man sich für die Bewertung in den Betriebsbilanzen, die sich in betreff von Anlagen damals noch nach dem Art. 31 HGB. zu richten hatte, an das Prinzip der Ertragskapitalisierung zu halten habe. Deshalb ist es auch zutreffend, wenn die Kommentatoren dieses Urteil für die Doktrin der Ertragskapitalisierung in den Betriebsbilanzen in Anspruch nehmen.

lichkeit befolgt würde, so müßte der Kaufmann bei Aufnahme der Bilanzen sein Augenmerk fortgesetzt auf die Erträgnischance richten und den kapitalisierten Ertrag in die Bilanz einstellen. Das unausbleibliche Resultat würde der Zusammenbruch all und jeder ordnungsmäßigen und vernünftigen Bilanzgrundsätze sein. Man nehme z. B. einen Kaufmann, der bisher gemäß einer echten und rechten Selbstkostenrechnung über ein Reinvermögen von 100000 Mark verfügt, der in den letzten Jahren durchschnittlich 10 Prozent verdient hat und der zu der Annahme berechtigt ist, in Zukunft den gleichen Gewinn zu erzielen. Weil es sich so verhält, so müßte zufolge dem Urteile ein entsprechender Betrag, der ohne Bedenken auf 30—40 Tausend zu veranschlagen wäre, in die Bilanz aufgenommen werden. Bereits die Frage, auf welchen Aktivkonten dieser Betrag unterzubringen wäre, würde, wenn nur geringfügige Anlageobjekte vorhanden wären, wohl nicht zu lösen sein. Sehr drastisch aber müßte der bei der doppelten Buchführung in der Gewinn- und Verlustrechnung nicht zu vermeidende Posten „Gewinn aus kapitalisiertem Gewinn" wirken und er würde die Ansicht ad absurdum führen, nach der die Tatsache, daß Gewinn erzielt worden ist, ziffernmäßig mehrmals zum Ausdrucke kommen, nach der der Gewinn der regulären Selbstkostenrechnung mit 2 und 3 und noch höheren Zahlen multipliziert werden soll. Jeder Kaufmann würde das als eine Ungeheuerlichkeit zurückweisen.

Natürlich würden bei der Ertragskapitalisierung die entsprechenden Konsequenzen in der entgegengesetzten Richtung zu gelten haben, und das OVG. deutet auch in der oben angeführten Entscheidung daraufhin: wie ein Gewinn von 10 Prozent zur Vermehrung, so müßte andererseits ein geringer Gewinn zur Verminderung des zunächst mit den Selbstkosten dargestellten Geschäftsvermögens führen. So würden beispielsweise bei der Chance eines Gewinns von nur 2—3 Prozent mindestens 20—30 Prozent abgezogen werden müssen: die Tatsache des geringen Gewinns zieht eine Abminderung der im Geschäft investierten Beträge nach sich!

Auch könnte man dann sehr eigenartige Fälle erleben: wenn ein Fabrikant, sei es um Kredit bewilligt zu erhalten oder um sein Geschäft zu veräußern, einem anderen solche Bilanzen vorlegen wollte, die nach dem Reichsgerichtsurteil und den Entscheidungen des OVG. den wahren und objektiven Wert seines Geschäftes darstellen würden, so könnte der

Betreffende sehr leicht wegen — betrügerischer Bilanzen zur strafrechtlichen Verantwortlichkeit gezogen werden!

Doch genug. Denn es dürfte nachgerade evident sein: für eine ordnungsmäßige Bilanz kommt es nicht im entferntesten darauf an, zu ermitteln, was objektiv betrachtet ein Geschäftsunternehmen wert ist, diese Tatsache hat mit einer ordnungsmäßigen Bilanz auch nicht das mindeste zu tun. Es handelt sich um völlig heterogene Dinge.

Jede von den Selbstkosten abweichende Methode führt zu unhaltbaren Resultaten und muß dahin führen, insbesondere die Methode der Ertragskapitalisierung zu Resultaten, die an Unrichtigkeit schlechterdings nicht zu überbieten sind. Sie würde die Bilanz und die Buchführung in ein Chaos verwandeln. Hier sei wiederholt, was schon zu Ende des § 5 gesagt ist: es gibt kein Kompromiß zwischen der Methode der selbständigen Bewertung, die die Methode des § 40 HGB. ist, und der in Wirklichkeit allein herrschenden Methode der Selbstkosten. Deren unbedingte Notwendigkeit und Richtigkeit dürfte in diesem Zusammenhange auch für den überzeugtesten Anhänger des Dogmas vom wahren und objektiven Werte offen liegen.

§ 7. Debitoren und Kreditoren.

Eine böse Klippe für buchführungsmäßige Laien und nicht zuletzt für Juristen bilden erfahrungsgemäß die Debitoren und Kreditoren in der Bilanz. Wer nämlich von der durch den § 40 HGB. unterstützten irrigen Ansicht einer selbständigen Bewertung herkommt, muß eben die fundamentale Tatsache übersehen, daß in der abgeschlossenen Jahresrechnung die Debitoren und Kreditoren nichts anderes bedeuten können, wie sie in den noch nicht abgeschlossenen Büchern bedeuten, und hier stellen sie gegebene und empfangene geldwerte Leistungen vor.

Diese Ideenverbindung ist für die Begriffsbildung in Ansehung der bilanzmäßigen Debitoren und Kreditoren von entscheidender Bedeutung. Wer nämlich seine Vorstellungsweise nicht die Kontrolle passieren läßt, daß die bilanzmäßigen Debitoren und Kreditoren zuerst in ihrer buchmäßigen Bedeutung zu verstehen sind, wer vielmehr von der Idee einer selbständigen Bewertung befangen ist, wird in den Debitoren und Kreditoren der Bilanz solche von juristischer Wesensart erblicken. Dazu kommt der gefährliche Anklang von Debitoren und Kreditoren an Forderungen und

Verbindlichkeiten; man glaubt, diese Worte völlig synonym gebrauchen zu dürfen, während den Debitoren und Kreditoren eine technische, nämlich eine buch- und bilanztechnische Bedeutung zukommt. Und von diesem Standpunkt bis zur Korrektur der im juristischen Sinne unzureichenden Bilanzziffern der Debitoren und Kreditoren ist nur ein Schritt. Also auch hier wieder die „Verbesserung" der „falschen" Buchführungsziffern infolge des Mangels der Vorstellung, daß die Bilanz von der Buchführung abhängig ist.

An die Spitze zu stellen ist daher der Satz, daß die Buchführung keineswegs dazu berufen ist, die abgeschlossenen Geschäfte als solche wiederzugeben. Gebucht wird vielmehr erst dann, wenn auf Grund der Geschäfte von einer Seite etwas geleistet worden ist. Wenn also ein Kauf zustande kommt, ohne daß der Verkäufer sofort die Kaufsache liefert oder der Käufer den Preis ganz oder teilweise zahlt, so ist damit überhaupt kein buchungsfähiger Vorgang gegeben. Das ist erst dann der Fall, wenn die Ware geliefert oder der Kaufpreis bezahlt wird. Mithin werden die Lieferung der Waren sowie die Zahlung des Kaufpreises auch nur in ihrer Eigenschaft als vermögenswerter Leistungen gebucht.

Um Irrtümern in dieser Richtung vorzubeugen, ist bei Gelegenheit der Novelle von 1897 dem ersten Absatze von Artikel 28 des alten als Absatz 1 von § 38 des neuen Handelsgesetzbuches folgende Fassung gegeben worden:

> „Jeder Kaufmann ist verpflichtet, Bücher zu führen und in diesen seine Handelsgeschäfte und die Lage seines Vermögens nach den Grundsätzen ordnungsmäßiger Buchführung ersichtlich zu machen."

Hierzu wird in der Denkschrift bemerkt: „Durch den in dem bisherigen Art. 28 nicht enthaltenen Hinweis auf die Grundsätze ordnungsmäßiger Buchführung wird der wesentliche Punkt hervorgehoben; nach den Gepflogenheiten sorgfältiger Kaufleute ist zu beurteilen, wie die Bücher geführt werden müssen .... Durch jenen Hinweis wird zugleich eine Ungenauigkeit in der Ausdrucksweise des Art. 28 beseitigt. Denn in den Handelsbüchern werden nicht, wie die Fassung des Art. 28 anscheinend forderte, die Geschäftsabschlüsse als solche, sondern nur die infolge der Geschäfte eingetretenen Vermögensveränderungen ersichtlich gemacht; die Bezugnahme auf die Grundsätze der ordnungsmäßigen Buchführung wahrt den richtigen Sinn der Vorschrift."

Mithin können die bei Aufstellung der Jahresrechnung in diese übergehenden Zahlen auch nur die bisher stattgefundenen Vermögensveränderungen tatsächlicher Art ausdrücken, nämlich die Debitoren den Überschuß der hingegebenen über die empfangenen sowie die Kreditoren den Überschuß der empfangenen über die hingegebenen Vermögensleistungen. Was aber sagen die Verfasser der Novelle, nachdem sie in völlig zutreffender Weise den § 38 motiviert haben, in den Motiven zum § 40: „Es unterliegen nicht nur die Waren, Forderungen und sonstige Vermögensgegenstände, sondern ebenso die Schulden der Bewertung." Das dürfte genügen!

Die Gesetzesverfasser und alle Juristen glauben eben, es fände eine selbständige Bewertung statt und diese hätte sich auf die aus demselben Rechtsverhältnisse resultierenden Ansprüche und Verbindlichkeiten, gleichviel ob eine Leistung stattgefunden hätte oder nicht, zu erstrecken: es wären Ansprüche und Verbindlichkeiten gegeneinander abzuwägen und, je nachdem der Vermögenswert der Ansprüche oder der Verbindlichkeiten das Übergewicht besäße, wäre das Übergewicht in die Aktiva oder Passiva einzusetzen. Das ist ein völliger Irrtum, zu dessen Klarstellung folgendes Beispiel diene. Ein Industrieller verpflichtet sich durch Vertrag vom 1. November 1908, am 1. August 1909 eine Maschine zum Preise von 12000 *M* zu liefern. Bald nach Abschluß des Geschäftes macht er die Wahrnehmung, daß ihm ein Kalkulationsfehler unterlaufen ist und daß er aus dem Geschäfte nicht nur keinen Gewinn, sondern einen Verlust von 2000 *M* haben wird. Sein Gesuch um Preisnachlaß wird von der Gegenseite abgelehnt. Wenn dann der Industrielle, dessen Geschäfts- sich mit dem Kalenderjahr decken soll, am 31. Dezember 1908 die Bilanz aufmacht, so ist es, obwohl zu diesem Zeitpunkt der Eintritt des Schadens auch nicht den geringsten Zweifeln unterliegt, gänzlich ausgeschlossen, daß der Geschäftsinhaber dem Überwiegen des Vermögenswertes der Lieferungsverbindlichkeit über denjenigen des Kaufpreisanspruches einen Ausdruck in der Bilanz zu geben hätte. Davon wird seine Bilanz auch nicht im mindesten berührt.

Selbstverständlich würde ebensowenig im entgegengesetzten Falle, nämlich wenn der Industrielle richtig kalkuliert hätte und mit Bestimmtheit einen Gewinn erwarten könnte, dem Überwiegen des Wertes des

Kaufgelderanspruches im Verhältnis zum Werte der Lieferungsverbindlichkeit irgend ein Einfluß auf die Bilanz zukommen.

Wenn man nach der Vorstellungsweise der Verfasser des § 40 HGB. Forderungen und Verbindlichkeiten bewerten wollte, so bliebe bei den Geschäften, die alle Unternehmen bei Aufstellen der Bilanz immer laufen haben, von einer vernünftigen Erfolgsberechnung auch nicht eine Spur mehr übrig. Sie würde in ihren Elementen völlig zerstört, falls das Plus- oder Minus-Erträgnis jedes noch nicht abgewickelten Geschäftes aus dem bevorstehenden in das abgelaufene Rechnungsjahr zurückbezogen würde. Die Erfolgsberechnung kann an sich nur auf Grund wirklich stattgefundener und nicht bloß bevorstehender Vermögensveränderungen vorgenommen werden.[1]

Daß die hier beschriebene Art der Bewertung von Forderungen und Verbindlichkeiten durchaus dem Gesetze und der communis opinio der Juristen entspricht, wird durch das auch heute noch in den meisten Kommentaren bei § 40 HGB. angezogene Urteil des Reichsoberhandelsgerichts im 24. Bd. S. 72 ff. der Entscheidungssammlung bewiesen. Hier hat sich das Reichsoberhandelsgericht zu der Ansicht bekannt, daß, wenn bei Ausscheiden eines Gesellschafters oder bei der Auflösung einer offenen Handelsgesellschaft nach dem Gesellschaftsvertrage der Übergang des Geschäftsvermögens auf einen der bisherigen Gesellschafter sowie die Auszahlung des oder der anderen Gesellschafter stattzufinden und die Auseinandersetzung auf Grund einer Bilanz zu erfolgen hat, in diese derjenige Gewinn mit einzustellen sei, den ein zur Zeit der Aufstellung der Bilanz noch schwebendes Spekulationsgeschäft voraussichtlich in Zukunft bringen würde.[2]

---

[1] Von dem Prinzip, allein die tatsächlich erfolgten Vermögensveränderungen in der Jahresrechnung anzuführen, läßt die Praxis der Kaufleute Ausnahmen nur unter gewissen wirtschaftlichen, aber nicht unter reinen Bewertungsgesichtspunkten und auch dann nur so zu, daß das Resultat noch als eine Selbstkostenrechnung, nämlich als eine im wirtschaftlichen Sinne geläuterte Selbstkostenrechnung, erscheint.

[2] Aus den Darstellungen im Texte ergibt sich weiterhin, daß auch die vom Gesetze bei Ausscheiden eines Gesellschafters über den Ausscheidungsmodus getroffenen Bestimmungen leicht recht gefährlich werden können. Denn nach dem Gesetze nimmt — zu vgl. Art. 130 Abs. 1 u. 2 A. D. HB. und jetzt §§ 140 Abs. 2, 142 HGB. in Verb. mit §§ 738—740 BGB. — der Ausscheidende an dem Gewinne und Verluste der zur Zeit des Ausscheidens schwebenden Geschäfte teil. Zu welchen Folgen das führen kann und fast immer führt, wenn die Sozien im Unfrieden auseinandergehen, kann man sich leicht vorstellen. Die gesetzliche Bestimmung wird

§ 8. Verhältnis des § 40 zum § 38 HGB. Entstehung des Art. 31 A.D.HGB.

Simon zitiert im Vorworte zu seinem Werke ein Wort von Goldschmidt: „Die Prinzipien sollen sich in der Durchführung bewähren und schon der Versuch der Durchführung schützt vielfach vor Unklarheit, Verschwommenheit oder gar Unrichtigkeit; eine Menge der schönsten Prinzipien fällt über Bord, sobald man mit der verachteten Kasuistik ernst macht." Nun, die Beispiele, an denen das Prinzip der selbständigen Bewertung sowohl der zur Veräußerung wie der zum Gebrauche bestimmten Sachen und schließlich von Forderungen und Schulden vorgeführt worden ist, dürften zur Evidenz gezeigt haben, wie das strikt durchgeführte Prinzip überall auf falsche und unerträgliche Konsequenzen für die kaufmännische Ertragsberechnung hinausläuft. Mit der Unhaltbarkeit des Prinzips der selbständigen Bewertung ist auch die Unhaltbarkeit des Grundgedankens des derzeitigen Veräußerungswertes in § 40 gegeben, da er ja auf diesem Prinzip beruht. Man muß mithin an die Frage der Gültigkeit des § 40 herantreten.

Selbstverständlich geht es nicht an, dem § 40 den Gehorsam einfach mit der Argumentation zu verweigern, der Gesetzgeber würde das falsche Prinzip nicht vorgeschrieben haben, wenn er klar gesehen und sich nicht geirrt hätte. Die falsche Bestimmung besteht nun einmal, und ein falsches Gesetz erfordert nicht minder Gehorsam wie ein fehlerfreies. Viel eher könnte man sich auf das Gewohnheitsrecht der Kaufleute beziehen und aus dem Jahrhunderte alten und in sich vollauf begründeten Prinzip der Selbstkostenrechnung die Negation des Prinzips der selbständigen Bewertung, des Prinzips des § 40, herleiten. Aber auch diesen Weg, obwohl er durchaus gangbar ist, möchte der Verfasser nicht einschlagen. Denn es dürfte wohl einen noch einfacheren Weg geben,

---

dann zu einer mater rixarum und gibt einem Übelwollenden eine sehr bedenkliche Waffe in die Hand. Deshalb schließen auch Anwälte, die mit der Anfertigung eines Gesellschaftsvertrages betraut werden und denen die beschriebene Wirkung der gesetzlichen Auseinandersetzungsbestimmungen bekannt ist, diese regelmäßig durch den Gesellschaftsvertrag aus, indem sie an Stelle der Vorschriften des HGB. und BGB. die Bestimmung setzen: Die Auseinandersetzung hat auf Grund einer regelrechten Bilanz zu erfolgen. Freilich kann diese Bestimmung im Streitfalle wieder vom Gerichte durchkreuzt werden, nämlich, wie der oben beschriebene Fall lehrt, auf Grund der herrschenden falschen Auffassung von Debitoren und Kreditoren.

den § 40 bereits de lege lata außer Wirksamkeit zu setzen, nämlich das Gesetz selbst.

Der im vorhergehenden Abschnitt angeführte § 38 HGB. legt ja dem Kaufmanne die Verpflichtung einer ordnungsmäßigen Buchführung auf. Zur ordnungsmäßigen Buchführung gehört, daß die in der Bilanz eingesetzten Zahlen in die Bücher übernommen werden. Wenn dies nun geschieht und die betreffende Bilanz hätte Werte aufgewiesen, wie sie den wirklichen Prinzipien des § 40 entsprechen, so würden die Bücher in unheilbare Verwirrung geraten, von einer auch nur einigermaßen ordnungsmäßigen Buchführung könnte keine Rede mehr sein. Die Beispiele in den §§ 5 bis 7 tun dies zur Genüge dar. Demnach steht das in § 38 aufgestellte Gebot einer ordnungsmäßigen Buchführung in unlöslichem Widerspruche mit dem vom § 40 anbefohlenen Prinzip einer selbständigen Bewertung. Beide können nicht nebeneinander bestehen, eins von ihnen muß unbedingt weichen. Entscheidet man sich also für die Gültigkeit des § 38, und darüber, daß die Entscheidung in diesem Sinne zu fallen hat, kann wohl kein Zweifel bestehen, so muß der § 40 mit dem Prinzip der selbständigen Bewertung zessieren. Die dadurch entstehende Lücke ist dann mit den Selbstkostenwerten der Praxis auszufüllen, sei es, daß man die Selbstkostenwerte unmittelbar aus dem kaufmännischen Gewohnheitsrecht oder mittelbar aus dem Gesetzesrecht, nämlich aus dem § 38, begründet.

Das Thema ist nicht zu beschließen, ohne daß man der Entstehungsgeschichte des § 40 HGB. als Art. 31 A. D. HB. gedenkt. Die Nürnberger Kommission setzte sich aus Juristen und Angehörigen des Handelsstandes zusammen, und zwar nach den Lutzschen Protokollen S. 1—15 aus 17 Juristen und 6 Kaufleuten. In der für den Art. 31 entscheidenden Sitzung vom 29. Januar 1857 waren 22 Mitglieder anwesend, die 6 Angehörigen des Handelsstandes und 16 Juristen. An der Abstimmung beteiligten sich 14, und zwar waren elf Stimmen für und drei gegen die Annahme des Art. 31. Daß dieser wie überhaupt der ganze Entwurf (es war der preußische) von Juristen verfaßt worden war, steht ohne weiteres fest.[1] Befürwortet wurde der

[1] Die spätere Redaktion des Art. 31, die Gesetz wurde, rührt nachweisbar vom Österreicher Dr. Schindler her.

Art. 31 in der Diskussion gleichfalls von Juristen. Denn zu seinen Gunsten wurde charakteristischerweise angeführt, er enthalte einen sehr schätzbaren Wegweiser. Folglich müssen diejenigen, die der Vorschrift des Art. 31 die Empfehlung eines guten Wegweisers gaben, sie schon vorher als solchen gekannt haben. Und das trifft eben für Juristen zu, denen Erfahrungen hierüber aus dem Gebiete des Prozesses zur Verfügung standen. Hiernach kann nicht zweifelhaft sein, daß die Juristen mit dem derzeitigen Werte des Art. 31 das verum pretium der Pandekten im Auge hatten. Das wird auch durch die oben zitierte Entscheidung des ROHG. und durch die Kommentare bestätigt, indem hier der auf einer angenommenen Veräußerung beruhende objektive Wert dem auf subjektivem Ermessen beruhenden Werte gegenübergestellt wird.

Mit dem sogenannten objektiven Werte und seiner Brauchbarkeit hat es aber folgende Bewandtnis: Wenn über den Wert einer Sache gestritten wird, z. B. einer Sache, die von jemandem widerrechtlich beschädigt worden ist, dann hat es allerdings seinen guten Zweck und Sinn, wenn die Rechtsordnung einen objektiven Wertmaßstab normiert und als solchen dem allgemeinen Veräußerungswert vorschreibt. Denn dann wird regelmäßig die eine Partei die Tendenz haben, den Wert möglichst hoch, und die Gegenpartei, ihn möglichst niedrig anzugeben. Auf Grund der ihnen insofern über den allgemeinen Veräußerungswert zustehenden Erfahrungen glaubten die Juristen, diesen Wertmaßstab auf das ihnen unbekannte Gebiet der kaufmännischen Erfolgsrechnung übertragen zu dürfen. Sie wußten nicht, daß er hier gar nicht angebracht ist, ja mit der Bilanz in direktem Widerspruche steht.

In der Kommissionsberatung hat sich nun zwar eine Opposition gegen den Art. 31 geltend gemacht. Auch ging sie wahrscheinlich von einem Kaufmann aus. Denn der Betreffende bezeigte ganz bestimmte kaufmännische Erfahrungen. Er wandte nämlich ein, daß man sich mit dem Art. 31 über den Zweck eines Handelsgesetzbuches hinaus in den Bereich der Instruktionserteilung verliere, und das sei um so bedenklicher, als an manchen Orten bei verschiedenen Geschäften auch verschiedene Arten der Errichtung von Inventaren und Bilanzen beständen, andere bei dem Bankier, andere bei dem Reeder. Annehmbarerweise sind auch die beiden anderen Opponenten unter den Kaufleuten zu suchen. Aber auf alles dies dürfte kein besonderes Gewicht zu legen sein. Das Entscheidende vielmehr ist: die Kaufleute wußten ja gar nicht, was sich hinter dem allgemeinen Veräußerungswerte der Juristen barg, der überdies direkt weder im Entwurfe noch in der definitiven Fassung des Art. 31 erwähnt worden ist. Ja die Kaufleute, und selbst diejenigen unter ihnen, denen die grundlegende Entscheidung des ROHG. im 12. Bande bekannt ist, wissen heute noch nicht einmal, was es mit dem allgemeinen Veräußerungswerte auf sich hat: zitieren doch viele Buchführungsschriftsteller diese Entscheidung, zum Teile im Wortlaute, und drücken so ihr Einverständnis mit der Entscheidung und der gesetzlichen Bilanzierungsmethode aus. Sie legen nämlich sehr einfacherweise der Entscheidung des ROHG. und dem Art. 31 bzw. § 40 die Deutung bei, es wäre mit dem allgemeinen Veräußerungswerte kein anderer Wert gemeint, wie er in der Praxis üblich wäre. Deshalb erheben sie keinen Widerspruch. Wenn man ihnen jedoch das Wesen des allgemeinen Veräußerungswertes so, wie er bei streng logischer Interpretation auf Grund einer selbständigen Bewertungsmethode zu verstehen ist, auseinandersetzen würde, so würden sie diese Methode einstimmig als völlig sinn- und prinzipwidrig zurückweisen.

Das ist der Grund, weshalb der allgemeine Veräußerungswert weder bei seiner Entstehung noch bei seinem Fortbestand Widerspruch von den Angehörigen des Handelsstandes erfahren hat. Damit ist aber auch erklärt, warum die Allgemeinheit der Juristen ihrerseits niemals erfahren hat, daß der derzeitige Veräußerungswert des Gesetzes ein im Sinne der für den Kaufmann einzig möglichen Erfolgsberechnung ganz unmögliches Prinzip bedeutet.

II. Die prospektiven Elemente in der retrospektiven Erfolgsberechnung.

§ 9. Wie ist das Auftreten prospektiver Elemente in der retrospektiven Erfolgsberechnung zu erklären?

Erst jetzt, nachdem das Eingreifen in die Zahlen der kaufmännischen Erfolgsberechnung auf Grund einer selbständigen Bewertung als Willkürlich- und Prinzipwidrigkeit festgestellt worden ist, und nachdem der § 40 HGB., der dieser Methode eine Stütze zu geben sucht, als widerlegt gelten kann, ist mit der Darstellung jener Veränderungen zu beginnen, die die kaufmännische Praxis an den Selbstkosten vornimmt.

Um den richtigen Standpunkt für die Beurteilung dieser Veränderungen zu gewinnen, hat man auf den Zweck von Inventur und Bilanz zurückzugehen.

Der Zweck der in der Bilanz verkörperten Erfolgsberechnung ist: dem Kaufmanne als dem Inhaber und Leiter eines geschäftlichen Unternehmens Gelegenheit zu verschaffen, sich so genau wie möglich über seine finanzielle Lage zu vergewissern. Denn es bedarf keines Beweises dafür, daß der Inhaber eines Geschäftes, wenn anders er die Führung seines Geschäftes in der Hand behalten und dieses vorwärts bringen will, seine finanziellen Verhältnisse zu übersehen hat. Deshalb müßte er, streng genommen, den Inhalt der Bücher stets im Kopfe haben. Das ist praktisch unmöglich. Er wird die in den Büchern aufgezeichneten Geschäftsvorfälle gewöhnlich nur im allgemeinen und er wird deshalb seine jeweilige Lage nur in mehr oder minder der Wirklichkeit angenäherten Umrissen vor Augen haben.

Jedoch mindestens einmal im Jahre soll er sie ganz genau sehen. Das ist das eigentliche Motiv für die Sitte der Bilanzaufstellung: der Kaufmann soll sich von der Buchführung in einem Augenblicksbilde die Teile seines Geschäftsvermögens nebst dem geschäftlichen Ertrage vorführen lassen. Um wiederum dieses Bild möglichst wahrheitsgetreu zu gestalten, ist es unbedingt erforderlich, die Buchführung vorher von Fehlern zu reinigen. Daher die Sitte der Inventur, durch die solche Abgänge am Geschäftsvermögen festgestellt werden, die bisher noch nicht registriert worden waren.

Demnach hat man als den Kernpunkt der Gepflogenheit der Bilanz und der ihr vorangehenden Inventur das Bestreben der Kaufleute zu bezeichnen, ihre geschäftlichen Maßnahmen entsprechend ihrer finanziellen Lage einzurichten und sich für die ihnen obliegende Aufgabe einer rationellen Geschäftsführung in ganz zuverlässiger und einwandfreier Weise über die Quantität und die Qualität des Geschäftsvermögens zu informieren. Deshalb ist es nur natürlich, daß die Kaufleute diese Sitte dann im Sinne ihres eigentlichen Zweckes mehr und mehr ausgestaltet haben, nämlich eben dahin, daß die durch die Inventur kontrollierten Ziffern eine Basis für die Gebarung mit dem Geschäftsvermögen bilden, auf die man sich nach vernünftigem Ermessen verlassen kann. Wenn sich anfangs der Zweck der Inventur darin erschöpfte, die gröbsten und schwersten Fehler, die in § 4 geschildert worden sind, aus der Buchführung und ihrem Augenblicksbilde, der Bilanz, zu entfernen, so ist dieser Zweck in der Folgezeit ungleich schärfer gefaßt, er ist vertieft worden. Zuerst, zur Zeit des Aufkommens des Brauches, Inventur und Bilanz zu errichten, mag der Kaufmann über die Ermittelung der offensichtlichen, der für jedermann direkt wahrnehmbaren Ausfälle am Geschäftsvermögen nicht hinaus gekommen sein, ihm mag die Abstellung der schwersten Fehler in der Bestandsrechnung noch genügt haben. Aber nicht mehr dem Kaufmanne der späteren Zeit. Später ist der Kaufmann auf Grund von Erfahrungen, die der einzelne nur zum geringeren Teile selbst gesammelt, die er vielmehr zum weitaus größeren Teile und allmählich in immer wachsendem Umfange durch die Tradition überkommen hat, dazu gelangt, die Inventur und Bilanz von einem höheren und weiteren Gesichtspunkte aus aufzufassen, und infolge der Wechselwirkung und des innigen Zusammenhanges, in dem die wirtschaftlichen Ereignisse der Gegenwart und die der Zukunft stehen, hierauf in gewissem Umfange Bedacht zu nehmen, namentlich bestimmte Verluste, die in der Zukunft liegen, in die jeweilige Erfolgsrechnung einzustellen, also diese Verluste vorzuverlegen.

Nimmermehr können Buchführung und Bilanz Selbstzweck, sie können doch allein Mittel zu einem Zweck und der Zweck kann nur der sein, dem Kaufmanne einen genügenden Rückenhalt für eine vernünftige Gebarung mit seinem Geschäftsvermögen zu liefern. Wenn also das Feststellen der Buchführungsziffern nicht um seiner selbst willen geschieht, so handelt es sich eben um ein voir pour prévoir; daher befremdet es auch nicht, wenn die Bilanz ein prospektives, ein prophylaktisches Moment aufweist. Auf die Entwicklung der wirtschaftlichen Prophylaxe bei Aufmachung der Erfolgsrechnung hat die Qualität des Geschäftsvermögens, die sog. Liquidität, einen nachhaltigen Einfluß ausgeübt. Gerade die Liquidität läßt erst in vollem Umfange die Gefahren erkennen, die eine Bilanz unter Umständen mit sich bringen kann, wenn der Bilanzierende den Buchführungsziffern, wie sie sich nach Abstellung offensichtlicher Unrichtigkeiten darbieten würden, ohne weiteres vertrauen und ihnen gemäß seine Dispositionen in bezug auf das Geschäftsvermögen treffen wollte: Seine auf diesen Ziffern fußenden Maßnahmen können nämlich um deswillen fehlschlagen, weil die Ziffern späterhin versagen, und infolgedessen kann das Geschäftsvermögen in seiner Existenz erschüttert, ja zerstört werden.

Zwar wird man daher auch die Bedeutung der Erfahrungssätze über die Quantität des Geschäftsvermögens erst dann in ihrem vollen Umfange zu würdigen vermögen, wenn man weiß, was es mit der Qualität auf sich hat. Gleichwohl sollen vor der Qualität, der Liquidität, als einem ganz spezifisch kaufmännischen und dem Leser fernerliegenden Thema die näherliegenden Erfahrungssätze in betreff der Quantität des Geschäftsvermögens behandelt werden.

Hiernach werden auch gewisse Erscheinungen in der Bilanz erklärlich, die aus einer bloßen Wiedergabe der Buchführungsziffern durch die Bilanz nicht zu erklären sind: während die Bilanz als Ertragsberechnung prinzipiell auf die Ziffern der Vergangenheit zu beschränken und allein auf ihnen aufzubauen wäre, während sie eigentlich nur rückwärtsschauend die bisher stattgefundenen Geschäftsvorfälle zusammenfassen uud wiedergeben sollte, ist ihr Bild unter der Einwirkung des prospektiven Momentes einigermaßen verschoben worden. Denn wenn die Ziffern der Buchführung zur Zeit der Inventur und Bilanz auch mit vom Gesichtspunkte der kommenden Ereignisse aus zu sehen sind, dann müssen eben die an sich nur auf die Vergangenheit zu beziehenden Ziffern der Buchführung bei Aufnahme der Bilanz in gewissem Grade mit Rücksicht auf die künftigen Geschehnisse modifiziert werden. So kommt es, daß wir die rein retrospektive Bilanz von zahlreichen prospektiven Elementen durchsetzt finden. Hauptsächlich ihrer Darstellung gelten die folgenden Ausführungen.

§ 10. Die Bewertung der Debitoren.

Davon, daß die Bewertung der einzelnen Vermögensbestandteile durchaus nicht einfach ist, kann man sich bereits bei den Debitoren überzeugen, die doch noch am ehesten dem Nicht-Kaufmanne ein Urteil gestatten. Nicht nur stellen sich der tatsächlichen Würdigung erhebliche Hindernisse entgegen, sondern die dabei in Betracht kommenden Verhältnisse verursachen am Ende auch beträchtliche Schwierigkeiten begrifflicher Art.

Zunächst die Schwierigkeiten der ersten Art. Bei der Schätzung eines Schuldners ist naturgemäß nach seiner Zahlungsfähigkeit zu fragen. Worauf stützt nun der Inventarisierende seine Ansicht über die Bonität der Debitoren? Nun doch wohl vor allem darauf, wie die betreffenden Abnehmer ihre Schulden regulieren. Dieses Kriterium hat aber seine bedenklichen Schwächen. Denn einmal kann ein Kunde, der das Ziel ständig überschreitet, sehr gut mit Mitteln versehen und seine schleppende Zahlungsweise wird dann darauf zurückzuführen sein, daß er sich so einen Vorteil auf Kosten des kreditierenden Lieferanten verschaffen will und verschafft. Es sind nämlich in allen Branchen Zahlungsfristen üblich, sie schwanken je nach der Branche von einem bis zu sechs Monaten und gehen bisweilen sogar darüber hinaus. Nun hält aber der Kunde das ihm zustehende Zahlungsziel, wie gesagt, öfter um deswillen nicht ein, weil er sehr wohl weiß, daß der Lieferant in der Regel aus Besorgnis, ihn als Kunden zu verlieren, ihm bei Überschreiten des Zieles nicht sogleich Zinsen abfordern, geschweige ihn verklagen wird. Daraus folgt, daß die von den meisten Kommentatoren aufgestellte Behauptung, es wären durchgehend auf fällige Außenstände sowie auf Schulden Zinsen hinzuzurechnen, in der Regel für Warendebitoren und -kreditoren nicht zutrifft.[1]

Aber nicht allein, daß ein säumiger Zahler sehr solvent sein kann — nach der umgekehrten Richtung kann der Maßstab, die Lage eines

[1] Ebensowenig ist es richtig, wenn von allen noch nicht fälligen Forderungen ohne Ausnahme und deshalb auch von den noch nicht fälligen Warenforderungen behauptet wird, sie wären unter Kürzung des üblichen Diskontsatzes einzusetzen. Dieser Punkt kann nur unter genauer Schilderung des kaufmännischen Skontowesens sowie weiter des buchmäßigen Problems der Warenforderungen geklärt werden, wozu es hier an Raum fehlt. Ausführlich hierüber Fischer S. 210—221, sowie S. 245 ff.

Schuldners nach seiner Zahlungsweise zu beurteilen, gleichfalls sehr täuschen und kann hier zu bedeutenden Verlusten Anlaß geben: Gerade deshalb nämlich, weil jeder Kaufmann weiß, daß seine Vermögenslage von anderen danach beurteilt wird, wie er zahlt, wird sehr leicht selbst der in nichts weniger als guten Verhältnissen befindliche Abnehmer gegenüber solchen Lieferanten, an denen ihm wegen der fortzusetzenden und, wenn möglich, noch zu erweiternden Kreditgewährung viel gelegen ist, unter Hintansetzung seiner anderen Kreditoren alles aufbieten, um die betreffenden Lieferanten prompt zu bezahlen und ihnen gegenüber so den Anschein des guten Debitors aufrecht zu erhalten. Wenn er dann zusammenbricht, so werden diejenigen Lieferanten den größten Schaden erleiden, die sich auf die regelmäßige Schuldtilgungsweise verlassen hatten.

Ein anderes Mittel, sich über die Lage seiner Kunden zu vergewissern, steht dem Kaufmanne bekanntlich in den Auskünften zu Gebote. Hier soll namentlich auf einen Mangel hingewiesen werden, der den Auskünften anhaftet. Als die Quelle, aus der in sehr vielen Fällen die Auskünfte zuletzt fließen, kommen die Angaben anderer Kreditoren desjenigen in Betracht, über den eine Erkundigung eingeholt wird. Aber die von dieser Seite, hauptsächlich von den großen Kreditoren, herrührenden Mitteilungen sind mit Vorsicht aufzunehmen. Denn gerade dann, wenn die Angefragten über die schlechte Lage des Debitors auch nicht mehr im geringsten Zweifel sind, werden sie aus naheliegenden egoistischen Motiven leicht dazu neigen, ihre Berichte zum mindesten schön zu färben, ja mitunter direkt gegen die Wahrheit zu verstoßen. Besitzen sie doch ein erhebliches, und, je größer der von ihnen kreditierte Betrag ist, ein um so größeres Interesse daran, daß der Schuldner nicht in Konkurs fällt, sondern vielleicht auf Gefahr anderer gerettet, oder daß wenigstens der Konkurs so lange hinausgeschoben wird, bis sich die Angefragten infolge der Kreditgewährung der Anfragenden haben zurückziehen können.

Nicht geringere Zweifel, wie über die Zahlungsfähigkeit eines Schuldners, können über die rechtliche Existenz einer im Streite befangenen Forderung entstehen. Daß unter diesem Gesichtspunkte umstrittene Tat- und Rechtsfragen das Resultat der Schätzung sehr fragwürdig gestalten, weiß jeder Jurist. Aber Richter und Anwälte wissen auch noch ein anderes, daß nämlich eine recht große Anzahl von Kaufleuten, wenn sie in Vermögensverfall zu geraten und die Gläubiger gegen sie zu klagen beginnen, nicht etwa ohne weiteres ein Versäumnis- oder Anerkenntnisurteil über sich ergehen läßt, sondern den durchaus gerechtfertigten Ansprüchen ihrer Gläubiger mit mehr oder minder geschickten Einwendungen zu begegnen und die drohenden Zwangsvollstreckungen mit dem im Hintergrunde stehenden Konkurs möglichst lange zu verzögern sucht.

Hiernach liegen die Schwierigkeiten, eine bestrittene Forderung zutreffend zu taxieren, oft gar nicht sowohl auf rechtlichem, als auf wirtschaftlichem Gebiete. Hierher gehört auch das dem praktischen Juristen offene Geheimnis, daß eine beträchtliche Quote aller zwischen Kaufleuten streitig geführten Klagen, vor allem Mängel- und Prozesse wegen verspäteter Lieferung, dann aber auch Prozesse über das Zustandekommen des Vertrages, ihre eigentliche Ursache in dem seit Abschluß gefallenen oder gestiegenen Warenpreis hat: Die hierbei zu Schaden gekommene Vertragspartei will den Schaden von sich abwälzen und benutzt hierzu einen ihr rechtlich günstig scheinenden Umstand, auf den sie sonst niemals Gewicht gelegt hätte. Sie geht dann gewöhnlich nicht, wenigstens nicht in erster Linie, auf ein Urteil, sondern auf einen Prozeßvergleich aus.[1]

Hiernach lassen die für die Würdigung der Debitoren in Betracht kommenden Umstände, zumal in ihrem Zusammentreffen, das Resultat als ein äußerst schwankendes erscheinen: bei demselben Debitor kann der eine Gläubiger seinen Außenstand mit 100, der andere mit 50 und noch ein anderer vielleicht mit 25 % einsetzen. Auf eine in der Tat zutreffende Schätzung des einzelnen Außenstandes besteht hiernach in der Regel kein Verlaß. Deshalb verzichten auch die Inhaber größerer reiner Verkaufs- wie von Fabrikgeschäften auf eine Schätzung der Forderungen im einzelnen. Sie machen vielmehr die Forderungen in ihrer Gesamtheit zum Gegenstande der Schätzung und deduzieren: In früheren Jahren ist von den Debitoren ein gewisser Prozentsatz verloren gegangen; diese Erfahrungstatsache übertrage ich auf das gegenwärtige Rechnungsjahr und bemesse danach den Ausfall an Guthaben. — Die Sätze differieren

[1] Und zwar erwartet sie das Zustandekommen eines Vergleiches entweder, weil sie auf eine weitverbreitete Abneigung gegen langwierige Prozesse oder weil sie als Abnehmerin darauf spekuliert, den bisherigen Lieferanten durch das Versprechen vergleichsgeneigt zu stimmen, daß sie die Geschäftsverbindung mit ihm fortsetzen wollte.

bedeutend, einmal nach der Branche sowie ferner danach, ob der Geschäftsinhaber besondere Sorgfalt auf die Zusammensetzung seiner Kundschaft verwendet hat oder auch nur verwenden konnte. So werden Exportfirmen durchgehend viel höheren Verlusten ausgesetzt sein, als Firmen mit Inlandsverkehr, und ein Kaufmann, der unternimmt, sein unlängst begründetes Geschäft einzuführen, wird manchmal der Versuchung unterliegen, es mit der Auswahl seiner Kunden nicht so genau zu nehmen.

Die üblichen Abschreibungssätze differieren nach den Verhältnissen ganz erheblich.[1] Selbstverständlich haben bei der Abschreibung auf die Gesamtheit der Debitoren auch solche Umstände entsprechende Berücksichtigung zu finden, die jeweilig auf die Lage aller Schuldner einwirken, also allgemeine Konjunkturen sowie Konjunkturen gerade in der Branche, denen die Abnehmer vorzugsweise angehören.

Bei dieser Schätzungsweise findet ziffermäßig keinerlei Veränderung an den einzelnen Debitorenkonten statt. Vielmehr wird derjenige Betrag, den man von der Gesamtheit der Debitoren absetzen will, auf ein besonderes Konto gebracht und dieses wird auf der Passivseite der Bilanz eingestellt, so daß es der infolge der unverkürzten Debitoren zu hohen Aktivseite das Gegengewicht hält.[2]

Das, was bei Errichtung der Bilanz durch Anlegen eines die Kollektivabschreibungen aufnehmenden Kontos von der Gesamtheit der Debitoren gekürzt wird, wird ebensowenig, wie die individuell, d. h. die an dem einzelnen Debitorenkonto, vorgenommene Kürzung, als ein zukünftiger, sondern wird als ein zur Zeit der Bilanzerrichtung bereits vorhandener Verlust angesehen. Darüber, daß es sich bei den Kollektivabschreibungen gleichfalls um einen schon stattgefundenen Verlust handelt, dürfte jetzt die Judikatur einig sein. Auch die weitaus meisten Schriftsteller sprechen sich in diesem Sinne aus; hierzu zu vgl. Fischer S. 242.

---

[1] Nach Gottschalk brauchen Geschäfte mit sehr guter Kundschaft nur den geringfügigen Prozentsatz von 1/4 bis 1/8 % abzuschreiben. Für gewöhnlich werden als Durchschnittssatz gegen 5 % angenommen; zu vgl. Maatz S. 136 sowie Drapala in Zeitschr. f. Buchhaltung, Jahrg. 1900 S. 7. Im Überseeverkehr zufolge von Maatz sogar 10 %.

[2] Die demnächst bei den einzelnen Debitoren zutage tretenden Verluste werden in gleicher Weise von den Konten der betreffenden Debitoren wie von dem eben beschriebenen Konto in Abzug gebracht.

Daran sollen folgende Betrachtungen geknüpft werden. An dieser Stelle tritt zutage, daß die Bewertung der Debitoren nicht allein praktisch, sondern auch begrifflich mit bedeutenden Schwierigkeiten verknüpft ist. Denn bei einer eingehenden Untersuchung des Wesens derjenigen Abschreibungen, die auf Debitoren stattfinden, wird man nicht umhin können, eines eigentümlichen Umstandes, der Eventualnatur dieser Abschreibungen, zu gedenken, d. h. der vom praktischen Gesichtspunkte aus fernliegenden, so doch immerhin vorhandenen Möglichkeit, daß die als verloren betrachteten Beträge später noch eingehen werden. Gewiß ist der Rechtsprechung, deren Meinung wohl am schärfsten in der von Fuisting II S. 86 wiedergegebenen Entscheidung des OVG. vom 26. Januar 1897 präzisiert wird, darin beizupflichten, daß in der Praxis bei den Abschreibungen von Debitoren unmöglich darauf abgestellt werden kann, ob eine Forderung ihre rechtliche Existenz eingebüßt hat, sondern daß es darauf ankommt, ob wirtschaftlich betrachtet für den Eingang der betreffenden Forderungsbeträge eine sehr geringe Wahrscheinlichkeit besteht und ob die Forderung danach so gut wie wertlos erscheint. Andererseits ist aber eben daran festzuhalten, daß eine, wennschon geringe, Wahrscheinlichkeit für den Eingang der als verloren abgebuchten Beträge besteht, und daß man deshalb theoretisch berechtigt ist, die Forderungsbeträge trotz der Abschreibung als möglicherweise noch existent zu betrachten.

Diese Anschauungsweise über den zwiespältigen Charakter der auf Debitoren stattfindenden Abschreibungen mag allerdings für die Handhabung der Bewertung in der Praxis so gut wie bedeutungslos sein, in prinzipieller Hinsicht ist sie jedenfalls von nicht zu unterschätzender Wichtigkeit. Denn nur so wird verständlich, warum das Konto, dem die von der Gesamtheit der Debitoren abzusetzenden Beträge überschrieben werden, in der Buchhaltung die verschiedenartigsten Bezeichnungen erhalten hat und warum, wie daraus zu schließen, die Meinungen in der Praxis über das Wesen des Kontos und der Abschreibungen auseinandergehen. Das Konto heißt bald Delkrederekonto, bald Delkrederefonds, bald Dubiosenkonto, ja auch die Zwitter Dubiosenreservekonto und Delkrederefondskonto finden sich. Die differierende Benennung gibt den verschiedenen Standpunkt wieder, den die Bewertenden gegenüber dem Nochvorhanden- und dem Nichtmehrvorhandensein der auf das Konto überführten Forderungsbeträge einnehmen: Im Delkrederefonds und im

Dubiosenreservekonto überwiegt offenbar die Meinung von der Nochexistenz dieser Beträge und im Delkrederefondskonto wird durch Zusammenfassen der gegensätzlichen buchmäßigen termini Fonds und Konto in einem Wort etwas angedeutet, was ziffermäßig auszudrücken ein Ding der Unmöglichkeit ist: daß derselbe Betrag gewissermaßen gleichzeitig vorhanden und daß er nicht vorhanden ist. Wohl neigt, wie schon oben bemerkt, auch die Mehrzahl der Buchführungsschriftsteller der Ansicht zu, man hätte im Dubiosenkonto ein Bewertungskonto, d. h. ein solches Konto vor sich, das definitiv verloren gegangene Vermögensteile enthielte. Es ist dies ferner die Ansicht von Simon; zu vgl. S. 140.

Demgegenüber ist auf die Ansicht von Belohlawek, eines der angesehensten Fachschriftsteller, hinzuweisen. Er erklärt in der von ihm herausgegebenen Zeitschrift für Buchhaltung Jahrg. 1901 S. 173 ff. das Dubiosenkonto für ein transitorisches Konto. Um diesen Fachausdruck in das allgemein Verständliche zu übertragen, Belohlawek will sagen: Zwar tatsächlich sind die auf das Dubiosenkonto gebrachten Beträge als noch fortexistent und ihr tatsächlicher Verlust ist daher erst als in Zukunft eintretend anzusehen. Hingegen werden sie aus wirtschaftlichen Zweckmäßigkeitsgründen als ein Verlust des gegenwärtig ablaufenden Rechnungsjahres behandelt.

Damit wird ein Gedanke von sehr großer Tragweite ausgesprochen. Belohlawek stellt damit für die Bewertung der Debitoren etwas als Maxime fest, was bei der Bewertung der sämtlichen übrigen Teile des Geschäftsvermögens wie des Geschäftsvermögens in der Gesamtheit stets wiederkehrt; bloß mit dem Unterschiede, daß die Maxime bei den Debitoren nur in Umrissen bemerkbar wird, während sie sonst ungleich schärfer hervortritt und sich an manchen Stellen dem Beschauer ganz unverhüllt zeigt: die Maxime, auf Grund früher gemachter Erfahrungen für die Zukunft zu sorgen.

§ 11. Die Bewertung der Gebrauchsgegenstände.

Zu mindesten dieselben, wenn nicht noch höhere Anforderungen in wirtschaftlicher und in begrifflicher Beziehung, wie die Bewertung der Debitoren, stellt die Bewertung der Gebrauchsgegenstände. Sie wird durchgehend in der Judikatur und in der Literatur, von juristischen und von Buchführungsautoren, ziemlich kurz behandelt; es wird am Ende nicht viel mehr gesagt, als daß die Gebrauchssachen zum Gebrauchswerte einzusetzen wären und daß auf Gebrauchssachen abgeschrieben würde, weil sie sich abnützten.

Unter Gebrauchs- und Nutzungsfähigkeit sowie unter Brauchbar- und Nutzbarkeit einer Sache dürften alle wirtschaftlichen Vorteile zu verstehen sein, die eine Sache ihrem Besitzer durch den Gebrauch gewährt, und der entsprechende Wert wird mit Gebrauchs- oder Nutzungswert bezeichnet. Dies vorausgeschickt, so ist entschieden zu verneinen, daß Gebrauchs- und Bilanzwert einer Gebrauchssache übereinzustimmen brauchten. Ob sich (was offenbar unmöglich ist) der Gebrauchswert einer Sache überhaupt in Ziffern fassen läßt, kann dabei völlig dahingestellt bleiben. Die Ansicht, Bilanz- und wirtschaftlicher, also Gebrauchswert, hätten identisch zu sein, stürzt ja ohne weiteres mit dem im I. Teile als falsch erkannten Prinzipe der selbständigen Bewertung. Die Buchführung und deshalb auch die Bilanz hat es ja allein mit den auf die Anschaffung einer Sache verwendeten Kosten zu tun. Die Aufgabe, die sich hiernach bei Aufstellung der Erfolgsberechnung in Ansehung der Gebrauchssachen ergibt, kann nur darin bestehen, die Kosten der Anschaffung in zweckentspechender Weise zu behandeln.[1]

Damit gelangen wir zu den Abschreibungen, die jährlich wiederkehrend in den Bilanzen auf den Anschaffungspreis gemacht werden. Von diesen Abschreibungen heißt es gewöhnlich, und zwar ebenso in den Urteilen der obersten Gerichtshöfe, als auch bei juristischen und Buchführungsschriftstellern, es würde abgeschrieben, weil die Sachen sich abnützten. Diejenige Entscheidung, die sich am ausführlichsten mit der Frage der Abschreibungen auf Gebrauchssachen beschäftigt, die Plenarentscheidung des OVG. vom 27. November 1896 in E. i. St. Bd. 5 S. 270 ff. stellt sich gleichfalls auf diesen Standpunkt. So jedoch, wie die Abschreibungen allgemein und so wie sie auch in dem angezogenen Urteil des OVG.[2]

[1] In gewisser Beziehung gewinnen auch die Reparaturkosten für den Bilanzwert der Gebrauchssachen Bedeutung. Um jedoch die schwierige Frage der Abschreibungen im Rahmen einer kurzen Abhandlung nicht noch mehr zu komplizieren, so ist davon Abstand genommen worden, das Thema der Reparaturen mit zu erörtern. Ausführlich hierüber Fischer S. 80 ff.

[2] Zwar betrifft das Urteil nur die gemäß dem damaligen § 9 I 5 und jetzigen § 8 I 4 des preuß. Einkommensteuergesetzes für die Gebrauchsgegenstände eines jeden Steuerpflichtigen zugelassenen Abschreibungen, und das OVG. behauptet von diesen Abschreibungen, sie wären von anderer Art, wie die nach § 14 (jetzt § 13) den Vollkaufleuten bei Aufstellung ihrer Bilanzen zugebilligten Abschreibungen.

verstanden werden, ist es falsch, sie aufzufassen. Denn man meint, es würde deshalb abgeschrieben, weil durch die Abschreibung eine Abnahme des Gebrauchswertes ziffermäßig ausgedrückt würde. In Wirklichkeit ist aber die Abnahme der Gebrauchsfähigkeit nicht die unmittelbare, sondern nur die mittelbare Ursache der Abschreibungen. Der Beweis für die zweite Hälfte dieses Satzes ist ziemlich umständlich. Hingegen läßt sich verhältnismäßig rasch und leicht die Richtigkeit des ersten Satzes und damit die Unrichtigkeit der von der Allgemeinheit festgehaltenen Ansicht nachweisen, daß die Abschreibungen unmittelbar auf der Abnahme der Gebrauchsfähigkeit beruhten.

Die Behauptung nämlich, es würde durch den am Ende des einzelnen Jahres abgeschriebenen Betrag eine während des betreffenden Jahres tatsächlich eingetretene Abnutzung zahlenmäßig wiedergegeben, ist doch nur möglich, wenn man von der Voraussetzung ausgeht, daß mit dem anfänglichen Buchwerte im Anschaffungsjahre der anfängliche Nutzungswert der Sache dargestellt würde. Und das ist, wie wir gesehen haben, prinzipiell falsch. Zum Überflusse sei an das oben in § 1 angeführte Beispiel erinnert, wo dieselbe Maschine, also eine Maschine, die genau denselben Nutzungswert hat, einmal zu einem höheren und sodann zu einem niedrigeren Preise verkauft worden ist und von den Käufern gemäß den verschiedenen Kaufpreisen in die Bilanz des Anschaffungsjahres eingestellt wird. Da es also offensichtlich ein Irrtum ist, daß der ursprüngliche Buchwert einer Gebrauchssache dem ursprünglichen wirtschaftlichen Wert adäquat wäre, so muß auch unbedingt

Aber das einzige Argument, auf das sich das OVG. für die angebliche Verschiedenartigkeit der von Vollkaufleuten und von anderen auf Gebrauchsgegenstände vorgenommenen Abschreibungen zu stützen vermag, ist die äußere Form der Abschreibungen, je nachdem die Abschreibung nämlich in der Bilanz oder in der Einnahmen- und Ausgabenmethode erscheint. Dabei läßt sich das OVG. nicht einmal darüber aus, was denn die Wesensart der bilanzmäßigen Abschreibungen sein soll. Steht schon hiernach die Ansicht des OVG. auf recht schwachen Füßen, so widerlegt es sich im weiteren durch das Urteil selbst. Denn das Urteil enthält die Entstehungsgeschichte des § 9 I 5, und daraus geht hervor, daß die Verfasser des preuß. Einkommensteuergesetzes von 1891 mit den in § 9 I 5 für jedermann zugelassenen Abschreibungen an die ursprünglich allein für Kaufleute bei Aufstellung ihrer Bilanzen erlaubten Abschreibungen angeknüpft haben. Folglich kann auch der Grundgedanke derjenigen Abschreibungen, die der Gesetzgeber nach dem Vorbilde der bilanzmäßigen über die Bilanz hinaus zugelassen hat, kein anderer sein, wie der der vorbildlichen bilanzmäßigen Abschreibungen selbst.

die Folgemeinung irrig sein, der jeweilige Restbetrag des Anschaffungspreises deckte sich mit dem jeweiligen Reste des ursprünglichen Nutzungswertes und die Abschreibungen entsprechen unmittelbar dem zurück-, dem verloren gegangenen Gebrauchswert.

Bereits diese wenigen Sätze begründen die völlige Unhaltbarkeit der Ansicht, daß die Abnahme des Gebrauchswertes mit der Abnahme des Buchwertes in direktem Zusammenhange stehe.

Aber man kann noch beträchtlich weitergehen. Selbst die falsche Ansicht, der anfängliche Buchwert wäre der Ausdruck des anfänglichen Gebrauchswertes einer dem Gebrauche dienenden Sache, als richtig unterstellt, so würde es immer noch ganz falsch sein, den jeweiligen Buchwert, also den nach der jedesmaligen jährlichen Abschreibung verbleibenden Restbetrag der Anschaffungskosten, für den jeweiligen Gebrauchswert der betreffenden Sache anzusprechen. Denn wer die Ansicht ververtritt, die Abnahme des Gebrauchswertes ginge mit der Abnahme des Buchwertes parallel, macht sich nicht allein der zur Genüge gekennzeichneten Verwechslung der Feststellung der Bilanzwerte mit einer selbständigen Bewertung schuldig, sondern übersieht außerdem die fundamentale Tatsache, daß alle Gebrauchsgegenstände erst gegen Ende ihrer Gebrauchszeit eine wirkliche Einbuße an ihrer Gebrauchsfähigkeit erleiden, so daß eine Abminderung des Gebrauchswertes durchschnittlich nur für eine kleine und sehr oft sogar für eine verschwindend kleine Quote der gesamten Benutzungszeit in Betracht kommt, während doch in allen Jahren abgeschrieben und meist gleichmäßig abgeschrieben zu werden pflegt. Ja es gibt eine ganze Reihe hochwichtiger Benutzungsgegenstände, von denen man recht wohl sagen kann, das Unternehmen zieht aus ihnen noch zu Ende der Benutzungszeit den gleichen wirtschaftlichen Vorteil, wie zu Anfang. Hierher gehören Baulichkeiten, weiter die Schienen der mit Dampf oder mit Elektrizität betriebenen Bahnen sowie die Leitungsdrähte der elektrischen Bahnen und die sog. Seilbahnen in Bergwerksunternehmen. Und wenn Gebrauchsgegenstände anderer Kategorien, z. B. Maschinen oder Pferde, nach einer Reihe von Jahren in der Tat an Gebrauchsfähigkeit zu verlieren beginnen, so dürften sie gewöhnlich vom Geschäftsinhaber nicht allzulange mehr im Betriebe geduldet, sondern alsbald daraus entfernt werden. Aber selbst angenommen, daß sie trotz eingetretenen Verlustes eines Teiles ihrer ursprünglichen Gebrauchsfähigkeit noch wenige Jahre benutzt würden, so würde es immer noch eine handgreifliche Unrichtigkeit sein, die Abschreibungen ohne weiteres mit der Abnahme der Gebrauchsfähigkeit in Verbindung zu bringen und das Schlagwort der communis opinio nachzusprechen, die während der gesamten Gebrauchsdauer alljährlich stattfindenden Abschreibungen repräsentierten die Brauchbarkeitsabminderungen, die in den einzelnen Jahren erfolgt wären, und der danach übrig bleibende Betrag des Anschaffungspreises repräsentierte den jeweiligen Gebrauchswert. Die Ansicht wird auch nicht etwa um deswillen richtig, weil hier und da Störungen an der Gebrauchsfähigkeit eintreten können; denn sie werden ja alsbald wieder durch Reparatur behoben.

Ist bisher nur gezeigt worden, was die Abschreibungen auf Gebrauchsgegenstände nicht sind, so soll nunmehr gezeigt werden, was sie sind. Dabei wird es sich allerdings nicht vermeiden lassen, ziemlich weit auszuholen und das Beispiel ausführlich zu gestalten. Denn nur so wird ein wirklicher Einblick in das Wesen der Abschreibungen zu erlangen sein.

Der Inhaber eines kleineren Fabrikunternehmens muß sich zum Heranschaffen der Kohlen, des Rohmaterials und dergl. sowie zum Abtransport der Fertigprodukte sehr häufig des Geschirres eines Fuhrbesitzers bedienen. Das Unternehmen geht gut. Infolgedessen vermehren sich die Fuhren mit den Lohngeschirren und damit die Unkosten. Daher zieht der Fabrikant den Erwerb von eigenen Pferden und Wagen in Erwägung und kalkuliert: die Anschaffungskosten für 2 Pferde belaufen sich auf 2000 und diejenigen für den Wagen auf 700 Mark. An Futterkosten für die Pferde sind jährlich 1700 Mark und an Lohn für den Kutscher 1200 Mark in Anschlag zu bringen. Für Herrichtung eines Stalles in einem schon bestehenden Gebäude sind einmalig 1000 Mark anzusetzen sowie weitere 300 Mark für sonstige jährlich wiederkehrende Ausgaben.

Da der Fabrikant im letzten Jahre rund 4500 Mark für Lohnfuhren ausgegeben hatte und in Zukunft ein noch beträchtliches Ansteigen dieser Unkosten erwarten muß, so wird er sich ungleich besser stehen, wenn er die Geschäftsfuhren fortan mit eigenem Geschirr und Kutscher bewerkstelligt. Er rechnet so: den Wagen kann ich etwa 10—12 und die Pferde 7—8 Jahre gehen lassen. Würde ich weiterhin mit Lohngeschirren arbeiten, so würde mir in den nächsten 8 Jahren eine Kostenlast von schätzungsweise einigen 40000 Mark erwachsen. Arbeite ich hingegen mit eigenem Gespann, so kommen an Anschaffungs- und Herrichtungskosten 2000 + 700 + 1000 = 3700 Mark sowie weiter an laufenden Kosten 1700 + 1200 + 300 = 3200 Mark in jedem Jahre, also in 8 Jahren 25600 Mark in Betracht. Die Aufwendungen nach Anschaffen des eigenen Geschirres würden demnach während eines Zeitraumes von 8 Jahren auf 3700 + 25600 = 29300 Mark und bei Mieten des fremden Geschirres auf mehr als 40000 Mark zu taxieren sein, wobei der Vorteil noch gar nicht gerechnet ist, der einmal in der steten Verfügungsbereitschaft des eigenen Geschirres und der ferner darin besteht, daß der Wagen ja noch länger als 8 Jahre gebrauchsfähig sein wird.

Deswegen geht der Fabrikant dazu über, eigene Pferde nebst eigenem Wagen in seinem Betriebe zu benutzen.

Wie wird er nun, wenn er am Ende des Anschaffungsjahres den Bestandskonten von Wagen und Pferden[1] d. h. deren Anschaffungskosten gegenübersteht, mit diesen verfahren? Als Kaufmann wird er sich sagen: Für das Heran- und das Wegbringen von Materialien, Kohle und dergl. mußte ich bisher Zahlungen an den Eigentümer der fremden Geschirre leisten. Diese Aufwendungen waren wirtschaftlich Unkosten und in dieser Eigenschaft erschienen sie auch in der Jahresrechnung. Daher habe ich jetzt die gesamten, dem gleichen wirtschaftlichen Zwecke, wenn auch zum Teil für eine ganze Reihe von Jahren, gewidmeten Aufwendungen ebenfalls als geschäftliche Kosten zu behandeln und habe sie deshalb, soweit es nicht ohnehin aus dem System der Buchführung folgt, den einzelnen Jahren zuzuweisen. Zwar fügt sich eine Anzahl dieser Kosten in die Rechnungen der einzelnen Jahre nach wie vor von selbst ein, nämlich die Lohnzahlungen an den Kutscher, die Futterkosten und das mit 300 Mark pro anno angenommene Pauschale; hingegen nicht die Kaufkosten für Wagen und Pferde. Denn die eigenen Pferde und der eigene Wagen, die gegenwärtig dieselbe Aufgabe, wie früher die fremden, zu erfüllen haben, erstrecken sich ja in Gestalt der für ihre Anschaffung verausgabten Summen auf die Jahre ihres Gebrauches. Mithin wird der Fabrikant bestrebt sein, die zwischen den einzelnen

[1] Die Kosten für Herrichtung des Stalles sind dem schon früher vorhanden gewesenen Gebäudekonto zugeschrieben worden. Über dieses zu vgl. den Text weiter unten.

Rechnungsjahren in betreff der Kostentragung offenbar bestehende Ungleichheit aufzuheben, mithin das einzelne Jahr zu einer ebenmäßigen Quote dieser Kosten heranzuziehen und darum die Quote als Verlust in die Rechnung eines jeden Jahres einzustellen.

An diese ihm nicht geläufige Denkweise wird sich der Leser nur allmählich gewöhnen können. Aber jedenfalls würde er folgendes durchaus nicht befremdlich, sondern selbstverständlich finden: Angenommen, die Pferde würden tatsächlich am Ende des 8. Jahres als unbrauchbar ausrangiert und es wäre seit ihrer Anschaffung keine regelmäßige Jahresbilanz mehr errichtet worden, wohl aber würde am Schlusse des 8. Jahres eine einheitliche Erfolgsberechnung aufgemacht, die sämtliche 8 Jahre umfassen würde, so würden die Anschaffungskosten für die Pferde gar nicht als Bestände, als Aktiven, sondern als verschwundener Vermögensteil, d. h. als Verlust, in der betreffenden Erfolgsrechnung auftreten.

Die Erfolgsberechnung wird aber eben nicht sporadisch und beliebig, sondern sie wird regelmäßig in Abständen von je einem Jahre aufgemacht. Deshalb wird in unserem Beispiele der Fabrikant, wie jeder Kaufmann, zu dessen Geschäftsvermögen Anlagegegenstände gehören, anläßlich der periodisch wiederkehrenden Erfolgsberechnung vor die Frage gestellt: auf wie lange Zeit kommen für mich die Pferde, der Wagen, die Maschinen, die Baulichkeiten usw. als benutzungsfähige Gegenstände und auf wie lange kommen daher die sie buchmäßig darstellenden Erwerbskosten für mich in Betracht? Daraufhin wird er entsprechend der Anzahl der Jahre, die in die Dauer der Benutzungszeit fallen, die Anschaffungskosten in gleiche Abschnitte zerlegen, also die 2000 Mark der Pferde in 8 und die 700 Mark des Wagens in 12 Abschnitte, und wird am Ende eines jeden Rechnungsjahres eine Quote der Anschaffungskosten vom Bestandskonto als Verlust abschreiben.

Um zu einem angemessenen bilanziellen Betrag seiner Gebrauchsgegenstände zu gelangen, wird der Kaufmann niemals in schwierige Untersuchungen darüber eintreten, in welchem Grade die Brauchbarkeit abgenommen hätte, Untersuchungen, die nicht allein prinzipiell falsch, sondern auch in den meisten Fällen völlig gegenstandslos sein müßten. Er prüft vielmehr ebenso einfach wie richtig allein, in welchem Jahre nach der Wahrscheinlichkeit die Sache für ihn nicht mehr brauchbar sein wird, wenn die Sache und die für sie verausgabten Gelder verloren gehen werden, und bestimmt danach die Abschreibungssätze. Es ist also der im Jahre der Außerbetriebsetzung zu erwartende Verlust der Anschaffungskosten, der unmittelbar den Anstoß zur Vornahme der Abschreibungen gibt, und erst dieser Verlust geht seinerseits auf die Abminderung der Gebrauchsfähigkeit zurück, mag sie nun zur Zeit der Außerbetriebsetzung in gewissem Umfange schon eingetreten sein oder selbst noch zu diesem Zeitpunkte für die nächste Zukunft erst bevorstehen.

Das Problem der Abschreibungen auf Gebrauchsgegenstände ist deshalb gar nicht aus irgend einer Bewertungsmaxime, sondern aus einer bei Aufmachung der jährlichen Ertragsrechnung und Vermögensübersicht befolgten vernünftigen Finanzgebarung zu erklären: Würde der Kaufmann den Verlust der Anschaffungskosten nicht in Form der Abschreibungen über die einzelnen Jahre der Benutzungszeit hin verteilen, so würde er die gesamte, in der betreffenden Sache investierte Summe eben am Schlusse, nach der Außerbetriebsetzung, als Vermögensabgang in die Jahresrechnung zu stellen, mithin würde ein einziges Jahr den Verlust zu tragen haben, während alle die Jahre vorher nur Vorteil von der Sache gehabt hätten, ohne korrespondierend eine Einbuße zu erleiden. Bei dieser Sachlage braucht man noch nicht einmal auf den Gedanken zuzukommen, daß ein großer Verlust, wenn er einer ganzen Reihe von Jahren auferlegt wird, sich relativ leichter ertragen läßt, als wenn er ausschließlich ein Jahr in Anspruch nimmt. Nein, hier wird die Idee von selbst gegeben, sie drängt sich dem wirtschaftlich Denkenden förmlich auf, daß *jedes Jahr, das einen Vorteil von der Benutzung hat, als Gegenleistung auch einen Teil des mit der Sache verknüpften Verlustes zu übernehmen hat, eines Verlustes, der tatsächlich erst in Zukunft, mit dem Ausscheiden der nicht mehr benutzbaren Sache aus dem Geschäftsvermögen, erfolgt.* Es müßte doch im höchsten Grade unangemessen sein, wenn — um bei dem vorstehenden Beispiele zu bleiben — einem einzigen von 8 oder von 12 Jahren der gesamte Verlust zur Last fallen sollte, nachdem sämtliche früheren Jahre aus der Sache bloß Vorteil gezogen hätten. Es ist darum nur billig und angemessen, das letzte Jahr zu ent- und die voraufgehenden Jahre zu belasten, also die Rechnung dieser Jahre, die Gebrauchssachen anlangend, auf dem Prinzipe aufzubauen: es muß während des einzelnen Jahres erst eine Quote des wirklich erst in einem späteren, nämlich im Jahre der Außerbetriebsetzung, eintretenden Verlustes wieder verdient sein, bevor von Reingewinn gesprochen wird.

Dieses Prinzip wird dann durch Abschreiben der Verlustquote vom Jahresertrag und von den betreffenden Anlagekonten in die Praxis der Buchführung und der Bilanz umgesetzt.[1]

Noch ein weiteres, kurzes Beispiel: Ein bedeutender Fabrikant ist aus kleinen Anfängen in die Höhe gelangt. Er hat bei Beginn seiner Tätigkeit nur einen ermieteten Arbeitsraum zur Verfügung gehabt und die Maschinen, die er damals benutzt hatte, sind ebenfalls nur ermietet gewesen. Jetzt besitzt er nicht allein viele und teuere Maschinen eigentümlich, sondern auch ein Grundstück mit umfangreichen Baulichkeiten. Früher, wo seine Unkosten in der Hauptsache[2] aus den Mieten für die Arbeitsstätte und die Maschinen bestanden, regulierte sich die Jahresrechnung von selbst. Gegenwärtig, bei den großen Anschaffungskosten für Maschinen und Gebäude, muß der Geschäftsinhaber regulierend in die Jahresrechnung eingreifen und sie aus wirtschaftlichen Erwägungen derart umgestalten, daß nicht bloß einige wenige Endjahre, sondern daß die sämtlichen Jahre, während deren die Gebäude und die Maschinen in Benutzung sind, von dem Verluste der Anschaffungskosten betroffen werden. Denn dieser Verlust liegt, um es nochmals zu betonen, bei der Aufstellung fast aller Jahresrechnungen erst in der Zukunft. Auch der Fabrikant dieses Beispiels bezieht also in die Rechnungen derjenigen Jahre, die zur Benutzungszeit der Maschinen und der Baulichkeiten gehören, einen zukünftigen Verlust ein und betrachtet als wirklichen, als reinen Gewinn nur dasjenige, was vom Jahreserträgnis übrig bleibt, nachdem er davon eine Quote des zukünftigen Verlustes abgesetzt hat.

Erst durch diese umfangreichen Erörterungen dürfte die anscheinend

---

[1] Das, was Abschreibung heißt, erhält einen buchmäßig-kongruenten Ausdruck allein im Erneuerungskonto der doppelten Buchführung. Denn nur so kann dargestellt werden einmal, daß ein zukünftiger Verlust vorausgenommen, und ferner, daß wegen des zukünftigen Verlustes nicht ein einzelnes, ein bestimmtes Sachkonto, sondern daß die Gesamtheit der Sachkonten kleiner als tatsächlich angenommen werden soll, um so den Begriff des Reinvermögens und schließlich den des Reingewinnes gegen sonst zu verändern. Denn das Erneuerungskonto ist nicht, wie in der Buchführungsliteratur allgemein angenommen wird, ein Korrektiv-, sondern ein echtes transitorisches Verlustkonto; handelt es sich ja doch um einen erst zukünftigen Verlust. — In der einfachen Buchführung muß man sich in Ermangelung eines Besseren mit dem Herunterschreiben vom Anlagekonto behelfen.

[2] Die Löhne der Produktion werden auf das Fabrikwaren(Fabrikations-)konto gebracht; sie erscheinen daher in dieser Form als Aktiven in der Bilanz.

so einfache, tatsächlich aber recht schwere Frage der Abschreibungen auf Gebrauchsgegenstände hinlänglich beantwortet sein, erst damit dürfte der an den Anfang gestellte Satz verständlich werden, die Abschreibungen werden durch die Abnahme der Gebrauchsfähigkeit nicht unmittelbar, sondern mittelbar veranlaßt. Bildet doch die Verringerung der Brauchbarkeit die direkte Ursache allein für das Ausscheiden einer Gebrauchssache aus dem Geschäftsvermögen und damit erst fernerhin für den Verlust des in der Gebrauchssache angelegt gewesenen Teiles des Geschäftsvermögens. Wenn man will, kann man noch weitergehen und diese Tatsache mit dem Paradoxon ausdrücken: Es wird jährlich auf eine Gebrauchssache nicht, wie allgemein behauptet wird, deshalb abgeschrieben, weil sie sich abgenützt hat, sondern es wird umgekehrt gerade deshalb abgeschrieben, weil sie sich nicht abgenützt hat. Denn der Nichtverlust an Gebrauchsfähigkeit während der einzelnen Jahre des Gebrauches läßt ja erst die Frage der Verteilung des im Endjahre tatsächlich eintretenden Verlustes akut werden und läßt sich so als die allerletzte Ursache für die Abschreibungen auffassen.

Die Schwierigkeiten, die der kaufmännische Laie bei Beurteilung des Wesens der Abschreibungen zu überwinden hat, sind hiernach ebenso groß, wie zahlreich. Zunächst muß er ein für allemal dem Axiom der selbständigen Bewertung entsagen. Sodann muß er lernen, in den für den Erwerb von Anlagegegenständen gezahlten Kosten eine Unterart der Unkosten, der geschäftlichen Verwendungen zu erblicken, und deshalb muß er die Erwerbskosten mit denjenigen Aufwendungen vergleichen, die für dieselben wirtschaftlichen Zwecke als notorische Unkosten gemacht werden, und er kann diesen Vergleich nur so durchführen, daß er nicht ein einzelnes, sondern daß er sämtliche Jahre der Periode, während der die betreffenden Gebrauchsgegenstände benutzt werden, in Betracht zieht. Endlich darf er dabei nicht in den naheliegenden und deshalb gefährlichen Irrtum verfallen, die Abschreibungen wären kongruent mit der Abnahme der Gebrauchsfähigkeit und hätten diese ziffernmäßig zum Ausdrucke zu bringen.

Von allen wirtschaftlichen Problemen, die die Bilanz für gewöhnlich[1]

[1] Ein Problem, das, Wichtigkeit und Schwierigkeit anlangend, mit dem der Abschreibungen auf Gebrauchsgegenstände in eine Linie zu stellen wäre, dürfte das Problem der Verhältnisbewertung sein. Der Verfasser bezeichnet damit die verschiedene Bewertung der Anteile mehrerer Geschäftsbesitzer oder der Gruppen

bietet, ist die Behandlung der Gebrauchsgegenstände wohl das wichtigste und das interessanteste und man kann beinahe behaupten: wer einmal das Problem der Abschreibungen erfaßt hat, hat den Kernpunkt des Bilanzwesens überhaupt erfaßt (sofern man wenigstens das Sondergebiet der Verhältnisbewertung nicht mitzählt). Aber das ist eben erst möglich, wenn der Fernstehende das Geschäftsvermögen des Kaufmanns mit dessen Augen zu sehen vermag. Deshalb mußte gezeigt werden, wie der Kaufmann die Dinge bei den Abschreibungen sieht und warum er sie so sieht, wie er sie sieht. Für den Nicht-Kaufmann ist erfahrungsgemäß das Schwerste, in den Anlagegegenständen Werte von nur relativer Bedeutung und am Ende nicht mehr, wie sich verbrauchende Kosten zu sehen, nachdem er in ihnen bisher stets Werte von absoluter Bedeutung zu sehen gewöhnt war. Daß die Kaufleute mit ihrer Anschauungsweise Recht haben, geht unwiderleglich aus der Parallele hervor, die einerseits zwischen den für den gleichen wirtschaftlichen Zweck verausgabten offensichtlichen Unkosten und andererseits den mittels Kaufkosten zu Eigentum erworbenen Gegenständen gezogen wird.

Zu vorstehender Schilderung des Prinzipes der Abschreibungen dürfte ergänzend noch einiges zu bemerken sein. Zunächst ist es nicht ganz genau, wenn gesagt worden ist, der auf die Zeit der nutzbaren Verwendung einer Gebrauchssache zu verteilende Betrag wären die Anschaffungskosten. Völlig korrekt sind es die um den etwaigen Endwert der Sache verminderten Anschaffungskosten. Denn auch, nachdem eine Sache als Gebrauchssache ausgedient hat, kann sie unter Umständen noch einen gewissen Veräußerungswert darstellen, so Maschinen den Alteisen- und Baulichkeiten den Materialwert des Abbruches.

Ferner ist speziell über Baulichkeiten ein Zusatz zu machen: Wenn die Anschaffungskosten eines dem Geschäftsbetriebe dienenden Hausgrundstückes in den Jahresbilanzen sachgemäß behandelt werden sollen, so hat man den Gesamt- in zwei Teilbeträge zu zerlegen, einmal in denjenigen, der als Erwerbspreis des bloßen Grund und Bodens, und dann in denjenigen, der als Erwerbspreis der darauf stehenden Gebäude anzusehen ist. Denn da der Grund und Boden bleibt, so verbleiben

---

von solchen, wie sie aus Anlaß des Eintritts eines Gesellschafters oder der Gruppen von solchen vorgenommen wird. Der Verhältnisbewertung kommt namentlich im Aktienwesen eine außerordentliche Bedeutung zu als Agio, Disagio, Zusammenlegung sowie ferner bei der Fusion und der Amortisation.

auch die dafür gezahlten Kosten im Geschäftsvermögen; hingegen scheiden die Gebäude infolge des Verfalles, dem sie ausgesetzt sind, und damit scheiden die in ihnen investierten Kosten in absehbarer Zeit einmal aus und deshalb sind sie abzuschreiben. Ebenso wie bei anderen Gebrauchsgegenständen liegen über die Dauer der Benutzungsfähigkeit von Baulichkeiten Erfahrungen vor. Das, was über die Lebensdauer von Gebäuden in 50 verschiedenen Erwerbszweigen als maßgebend zu gelten hat, hat der bekannte österreichische Buchführungsschriftsteller Scherber in einer Tabelle niedergelegt, die auch im Sternschen Buchhaltungslexikon S. 21, 22 enthalten ist. Danach bewegen sich die Abschreibungssätze in den Grenzen von 0,33 bis 5 % des Anschaffungspreises.

Das Ausprobieren der durchschnittlichen Gebrauchsdauer von Anlagegegenständen hat man sich keineswegs als abgeschlossen vorzustellen. Denn es werden ja nicht allein immer noch Gegenstände in gewerbliche Benutzung genommen, die bisher nicht existierten, sondern es werden auch bereits existierende in einer anderen Weise, wie bisher, benutzt. Es sei erinnert an die Automobildroschken und die Autobusse, deren Material sich mit einer bisher unbekannten Schnelligkeit abnutzt, und weiter an die Umwandlung der Straßenbahnen aus Pferde- in elektrische Bahnen: Über die Widerstandsfähigkeit der Leitungsdrähte besaß man gleichfalls noch keine Kenntnisse und über diejenige der neugelegten, wenn schon schwereren Schienen gegenüber den neuen schweren Wagen nur vergleichsweise Anhaltspunkte. Hier mußten überall erst Erfahrungen gesammelt werden. Dasselbe macht sich natürlich auch bei Aufkommen eines neuen Maschinentyps, einer neuen Kesselanlage usw. notwendig.

Namentlich die zuletzt genannten Fälle zeigen auf ein neues Moment für die Abschreibung hin. Sie beweisen nämlich deutlich, wie gefährlich es insbesondere für Industrielle wäre, wenn sie unbedingt auf die Abschreibungssätze der von ihnen benutzten Anlagen vertrauen wollten, auch wenn die Sätze mit der Lebensdauer der Anlagen durchaus im Einklange stehen. Denn wenn in einer Branche ein neuer Maschinentyp bekannt wird, so kann der einzelne leicht, vor allem aus Konkurrenzrücksichten, gezwungen sein, seine bisherige durch die neue Maschine zu ersetzen, ohne Rücksicht darauf, ob die alte vielleicht noch jahrelang zu benutzen wäre. Mit dem Einstellen der neuen Maschine gehen also die für die alte aufgewendeten Kosten verloren. Deshalb ist es vielfach üblich, auch dieser Gefahr mittels der Abschreibung zu begegnen und als präsumptive Gebrauchszeit nicht die wahrscheinliche Lebenszeit allein, sondern die durch die drohende vorzeitige Außerbetriebstellung möglicherweise gekürzte Lebenszeit anzusehen.

In der Praxis ist häufig ein Abweichen von der ordentlichen Abschreibungsquote zu bemerken, die man erhält, wenn man die um den Altwert verminderten Anschaffungskosten durch die Zahl der präsumptiven Gebrauchsjahre dividiert. Die eine Art der Abweichung besteht darin, daß in Jahren mit höherem Ertrage mehr und in Jahren mit geringerem Ertrage weniger, als der Durchschnitt, abgeschrieben wird. Darin ist aber nicht etwa ein Verstoß gegen das Prinzip der Abschreibung zu erblicken, sondern gerade eine sinngemäße Anwendung des Prinzipes. Denn wenn man weiß, daß die Abschreibung aus einer angemessenen Verteilung der Erwerbskosten auf die einzelnen Rechnungsjahre besteht, so dürfte man diesem Gedanken namentlich durch die Belastung der guten Jahre[1] mit einer höheren Verlustquote weit eher gerecht werden, als mit dem unterschiedslosen, rein schematischen Zurechnen einer stets gleichen Quote auf jedes Jahr. — Aus denselben Gründen, wie die eben beschriebene Abweichung vom gewöhnlichen Abschreibungsmodus zu billigen ist, ist eine andere Abweichung zu mißbilligen, nämlich der Modus, den abzuschreibenden Betrag nicht als Quote der Anschaffungskosten, sondern als Quote des vorjährigen Restbetrages zu berechnen, also beispielsweise auf eine Maschine mit einem Kostenpreise von 10000 Mark und einer voraussichtlichen Lebensdauer von 10 Jahren zwar am Ende des ersten Jahres 1000 Mark abzuschreiben, hingegen am Ende des zweiten 900 Mark, des dritten 810 Mark usf. Denn diese Art der Abschreibung führt, wie nicht näher auseinandergesetzt zu werden braucht, zu einer übermäßigen Beschwerung der Endjahre, also zu einem mit dem Grundgedanken der Abschreibung ganz unverträglichen Resultat.

Dieser Gedanke tritt in seiner vollen Schärfe da hervor, wo es erforderlich wird, einen bisher noch nicht in die Buchführung eingestellten Gebrauchsgegenstand zu seinem ordnungsmäßigen Zeitwert zu berechnen.

[1] Der Verfasser bemerkt, damit ihm das Befürworten einer kleineren, als der regulären Abschreibungsquote nicht falsch ausgelegt wird: Er hat ein Zurückbleiben hinter dem Durchschnittssatze nicht etwa bei schlechtgehenden Unternehmen gutheißen wollen, sondern bei an sich rentablen Unternehmen, wenn sie infolge besonderer Anlässe in einem Jahre weniger, als sonst, verdient oder gar mit Verlust abgeschlossen haben.

Das ist z. B. nötig, wenn der Inhaber eines kleineren Betriebes zur kaufmännischen Buchführung übergeht. Sehr charakteristisch und lehrreich ist die Anweisung, die Simon S. 385 für einen derartigen Fall erteilt: wäre man hierbei veranlaßt, den Rat eines technischen Sachverständigen in Anspruch zu nehmen, z. B. wegen einer Maschine, so sollte man ihn über die wahrscheinliche Lebensdauer der betreffenden Sache und deren Endwert, aber über nichts weiter fragen. Das ist sehr zutreffend. Denn wollte man jemanden, der allein in technischen, aber nicht auch in Buchführungs- und Bilanzfragen Bescheid wüßte, nach dem Zeitwerte der Sache fragen, so ist eben mit aller Bestimmtheit zu erwarten, daß der Befragte in irgend einer Weise den Veräußerungswert hereinbringt. Gerade diesen Fehler will Simon vermeiden. Der richtige Buchwert der Sache wird vielmehr, wie Simon ausführt, in der Weise gefunden, daß man zunächst die Abschreibungsquote mit Hilfe der Zahl der Gebrauchsjahre einer- und der Anschaffungskosten anderseits bestimmt und sodann diejenigen Abschreibungen nachholt, die bei ordnungsmäßiger Bilanzierung bereits früher hätten vorgenommen werden müssen. Würde also die Sache in der Mitte ihrer Gebrauchszeit stehen, so würde die eine Hälfte der Anschaffungskosten abzuschreiben und die andere Hälfte auf ein Bestandskonto zu bringen sein.

Simon vertritt also de facto voll und ganz die Idee der angemessenen Verteilung der Anschaffungskosten auf die Zeit der nutzbaren Verwendung der Sache. Nur ist er — leider — durch seine Theorie vom individuellen Werte abgelenkt und verhindert worden, der Idee die zutreffende begriffliche Fassung zu geben. Zum ersten Male den Gedanken auch im Prinzipe als die Methode des Kostenausgleichs klar erkannt und als solche dargestellt zu haben, ist das Verdienst von Wilmowski. Er hat ihn in der ersten, 1896 erschienenen Auflage seines Kommentares zum preuß. Einkommensteuergesetze ausführlich begründet; s. S. 37—44, 69—72, 85, 86, 203—205. Aus der 2. Aufl. zu vgl. S. 38—42, 79 ff, 98. Erst nach Wilmowski ist der Verfasser, der damals die Darlegungen Wilmowskis noch nicht kannte, in seinen „Bilanzwerten" zu dem gleichen Ergebnisse wie Wilmowski gelangt. Und jeder, der selbständig zu denken gewöhnt ist und ohne Voreingenommenheit die Behandlung der Gebrauchsgegenstände in den kaufmännischen Bilanzen prüft, wird ebenfalls dahin gelangen müssen. Es steht außer Zweifel, daß das Wesen der kaufmännischen Bilanzierungsmethode schon längst von den Mitgliedern der obersten Gerichtshöfe richtig gewürdigt worden wäre, wenn sie nicht unter dem Banne der irrigen Bewertungsmaxime des § 40 HGB. gestanden hätten. Ist einmal dieser Bann gebrochen, so wird sich der Gedanke des angemessenen Kostenausgleiches unschwer in der Judikatur durchsetzen.

Will man ihn allgemein charakterisieren, so ist er als ein Ausfluß der wirtschaftlichen Fürsorge zu bezeichnen. Denn es ist Vorsorgen für die Zukunft, wenn die Kaufleute bei der Inventur und Bilanz in die Zukunft vorgreifen und aus dieser rückwärts in die Gegenwart hinein einen Verlust verlegen, der eigentlich die Zukunft treffen müßte.

§ 13. Die Bewertung der immateriellen Werte.

Da die Bilanz eine auf den Anschaffungs- oder Herstellungskosten der Vermögensobjekte basierende Erfolgsberechnung ist, so kann natürlich auch bei dem, was man immaterielle Werte nennt, also bei Verlags-, Patent-, Gebrauchsmuster- und Geschmacksmusterrechten, anläßlich der Aufmachung einer ordnungsmäßigen Betriebsbilanz von einer eigentlichen, d. h. selbständigen Bewertung nicht die Rede sein, sondern allein davon, daß untersucht wird, ob überhaupt und eventuell auf wie lange Zeit hinaus die für die betreffenden Rechte verausgabten Beträge noch als nutzbar für das Geschäftsvermögen anzusehen sind.

Wer bisher, dem § 40 HGB. folgend, an eine selbständige Bewertung der Vermögensobjekte geglaubt hatte, dürfte eigentümlich von der Art berührt werden, wie in den Bilanzen der Kaufleute die Rechte des geistigen Eigentums auftreten. Betrachten wir zuerst das Verlagsrecht. Für den Buchhändler kann das Verlagsrechtskonto nichts anderes wie ein Konto über diejenigen Beträge sein, die er an den Autor wegen Übertragung des Urheberrechts gezahlt hat. Das Autorenhonorar macht ja aber nur einen Teil derjenigen Kosten aus, die aufzuwenden sind, um ein Buch herzustellen, die anderen Kosten werden von den vom Verleger der Reihe nach an den Papierlieferanten, den Drucker, Lithographen und den Buchbinder gezahlten Summen gebildet. Zweckentsprechend ist bei Herstellung eines jeden Werkes ein besonderes Konto anzulegen, das chronologisch die einzelnen Phasen des Produktionsprozesses in den Kostenbeträgen wiedergibt, genau so, wie es in der Fabrikbuchhaltung mit den Kosten der aufeinander folgenden Fabrikationsstadien geschieht. Die Summe der Kosten, dividiert durch die Stückzahl der Auflage, ergibt dann den Selbstkostenpreis des einzelnen Exemplares. — Würde also zur Zeit der Bilanzerrichtung die Auflage noch nicht fertig vorliegen, so werden die Honorarkosten auf einem Einzel- oder besser auf einem sämtliche bisherige Herstellungskosten umfassenden Konto enthalten sein und werden in diesem als Aktiven eingesetzt. Würde hingegen die Auflage ausgedruckt sein, so würden auch die Honorarkosten mit im Büchervorrat enthalten sein und würden in dieser Form als Aktiven figurieren.[1]

Das Honorar- alias Verlagsrechtskonto hat in der Regel mit der Fertigstellung der Auflage zu verschwinden. Nur in sehr wenigen Fällen wird es erlaubt sein, das Honorarkonto wenigstens teilweise noch weiterzuführen, nämlich unter der doppelten Voraussetzung, einmal daß das Verlagsrecht nicht bloß für eine, sondern für mehrere Auflagen erworben ist, und ferner, daß der Verleger hinreichenden Anlaß zu der Annahme besitzt, noch mehrere Auflagen herausbringen zu können. Der Fachmann wird bestätigen, wie schwer die Würdigung gerade dieses Umstandes ist und welche Vorsicht er erfordert. Sollten in der Tat die Chancen für das Erscheinen eines Werkes in mehreren Auflagen sehr bedeutend sein, so wird sich nichts dagegen einwenden lassen, wenn der Verleger nur einen Teil des Autorenhonorars in die Herstellungskosten der ersten Auflage einbezieht und den verbleibenden Teil auf dem Honorarkonto beläßt, wo er bis auf weiteres als Aktivum in der Bilanz auftritt. Aber das werden immer Ausnahmen sein.

Ebenfalls als nutzbare Aufwendungen erscheinen die für ein Patent-, Musterrecht gemachten Aufwendungen in der Bilanz, nur kann hier, namentlich bei Patenten, im speziellen Fall der Umfang der zu aktivierenden Kosten recht verschieden bemessen werden. Bei dem derivativen Erwerbe, beim Kaufe, ist allerdings der Kostenbetrag ohne weiteres gegeben, nicht jedoch, wenn der Inhaber eines industriellen Unternehmens durch eigene oder durch die Arbeit seiner Angestellten zu dem Patente gelangt ist. Dann ist die Latitüde ziemlich groß. Zwar werden wohl meist bloß die anläßlich der Anmeldung an das Patentamt und den dabei tätig gewesenen Patentanwalt entrichteten Kosten dem Patentkonto belastet, mitunter aber auch weitergehend das Gehalt der mit den Versuchen beschäftigt gewesenen Angestellten, wenn deren Tätigkeit haupt-

[1] Hierzu vgl. Schönwandt, Die Abschätzung von Buchhandlungen II. Teil S. 6, 23, 26 sowie Fischer S. 100—102.

sächlich den Versuchsarbeiten gegolten hatte; vielleicht auch die Kosten von Reisen, die im Interesse der Vorbereitung und der Erlangung des Patentes unternommen worden sind. Ja die Grenze des Erlaubten würde nicht überschritten, sondern noch eingehalten sein, wenn man die Kosten teurer, bei den Versuchen verbrauchter Materialien auf das Patentkonto bringen wollte, wenigstens was das Behandeln der Kosten als Aktiven anbelangt. Denn ein anfängliches Zubuchen von Kosten auf das Patentkonto ist noch keineswegs identisch mit deren Aktivierung in der Jahresrechnung. Oft nämlich werden allein zu dem Zwecke, eine klare Übersicht über sämtliche, durch ein Patent verursachten Kosten zu erhalten, diese Kosten auf ein einheitliches Konto gebracht, sodann aber bei Aufstellung der Jahresrechnung größtenteils wieder abgeschrieben, manchmal bis auf eine Mark herab. Ein solches Verfahren äußert demnach auf die Bilanz die gleiche Wirkung, wie wenn der betreffende Kostenbetrag von Anfang an als Unkosten verbucht worden wäre.

Sollte der Inhaber oder Leiter (z. B. Vorstand einer Aktiengesellschaft) eines Unternehmens nicht gewillt oder nicht in der Lage sein, die Kosten für den derivativen oder originären Erwerb eines Patentes, zumal wenn sie beträchtlich sind, schon im Jahre des Erwerbes bis auf 1 Mark herunterzuschreiben, so muß er sie doch, vom ersten Jahre an beginnend, abschreiben. Usuell wäre es unstatthaft, die Abschreibungen so zu bemessen, daß als Zeit für die Vornahme der Abschreibungen die 15 Jahre des Gesetzes betrachtet würden. Denn erfahrungsgemäß deckt sich bei den weitaus meisten Patenten die Zeit des an sich möglichen rechtlichen Bestandes nicht entfernt mit der Zeit der wirtschaftlichen Ertragsfähigkeit des Patentes. Nach dem Herkommen darf aber auch die Bestimmung über die Dauer der Nutzbarkeit und damit über die Höhe der Abschreibungsquote nicht etwa auf das subjektive Ermessen der einzelnen Patentinhaber gestellt werden. Denn sonst würde dem Optimismus, der ja bei Patenten in üppiger Blüte steht, in gefährlicher Weise Vorschub geleistet und es würden in Ansehung der Abschreibungen ganz unhaltbare Resultate gezeitigt werden. Vielmehr hat der Inhaber eines Patentes gemäß der als bindend anzusehenden Sitte die Erwerbskosten in 3 bis 4, höchstens in 5 Jahren völlig abzuschreiben. Die Sitte geht notorisch auf den Durchschnitt der Lebensdauer sämtlicher Patente zurück. Das wird durch die Mitteilung, die der Patentanwalt Neumann in seiner 1905 veröffentlichten Schrift über die Abänderung der Patentdauer und der Patentgebühren macht, deutlich bewiesen. Denn danach verfällt, auf den Durchschnitt berechnet, in Deutschland ein Patent bereits nach 5 Jahren infolge der Nicht-Fortentrichtung der Gebühren. Daher kann, im Durchschnitt genommen, die Nutzbarkeit eines Patentes ebenfalls nicht 5 Jahre überdauern.

Also auch bei Patenten finden wir gerade so wie bei den körperlichen Gebrauchsgegenständen, daß die Erwerbskosten auf die Zeit der nutzbaren Verwendbarkeit des Vermögensobjektes mittels Abschreibungen verteilt und daß der Schätzung dieser Dauer feststehende Erfahrungssätze zugrunde gelegt werden. Der Vergleich zwischen der bilanziellen Behandlung der Gebrauchssachen im eigentlichen und der Behandlung derjenigen im weiteren Sinne läßt sich noch weiter durchführen. Man kann nämlich sagen, daß durch die einzelnen Abschreibungen von den Patentkosten (bis auf die Abschreibungen des letzten Jahres) ebenfalls ein künftiger Verlust auf die Gegenwart vorausgenommen wird. Denn wenn auf die in den Patenten investierten Summen bereits vor demjenigen Zeitpunkte abgeschrieben wird, zu dem sie erfahrungsgemäß ihre wirtschaftliche Benutzungsfähigkeit einbüßen, so wird eben ein Teil eines zukünftigen Verlustes in die gegenwärtige Erfolgsberechnung eingestellt.

In der Fachliteratur ist es üblich, unter den immateriellen oder ideellen Werten auch die Geschäfts- oder Firmenerwerbskosten zu besprechen. Mit Rücksicht hierauf und ferner, um den schon oben in § 6 erwähnten Brauch zu erklären, daß diese Kosten innerhalb von 3 bis 5 Jahren amortisiert werden, sollen sie an dieser Stelle mitbehandelt werden, obschon sie im System der bilanziellen Erscheinungen nicht hierher, sondern zu der sogenannten Verhältnisbewertung im weiteren Sinne zu zählen sind. — Wenn ein gutgehendes Geschäft verkauft wird, so erhält der Verkäufer einmal einen Betrag, der der Summe der zu den Anschaffungskosten eingesetzten Aktiven (abzüglich der Kreditoren) gleichkommt, und ferner einen Betrag speziell für die mit der Gesamtheit der Aktiven verbundenen Erwerbschance; zu vergl. oben § 6. Nehmen wir das dort angeführte Beispiel: es werden für ein Geschäft mit ca. 100000 Aktiven und mit so gut wie keinen Kreditoren 130000 Mark gezahlt. Dann ist ohne weiteres klar, daß der Nachbesitzer keinesfalls mehr, als der Vorbesitzer, d. h. als 100000 Mark, in den eigentlichen Aktiven investiert haben kann und daß die überschießenden 30000 Mark, mit denen die

Erträgnischance abgegolten ist, nicht in das Geschäftsvermögen, sondern in die Tasche des Vorbesitzers gelangt sind. Dann muß man sich aber fragen: Wie ist es mit dem Charakter der Bilanz als der Rechnung über die in das Geschäftsvermögen gewendeten und nur aus sich selbst heraus vermehrten Kosten zu vereinbaren, daß der Nachbesitzer häufig — nicht immer — die spezifischen Geschäftserwerbskosten, also in unserem Falle die 30000 Mark, in die Eröffnungsbilanz als Aktiven einsetzt?

Die Antwort ist ziemlich einfach, vorausgesetzt allerdings, daß man den Ausgangspunkt richtig wählt.

Die im Geschäftsvermögen zusammengefaßten Aktiven sind als eine Gebrauchssache, nämlich als eine dem Erwerbe dienende Gesamtsache anzusehen. Wie nun bei Aufstellung der gewöhnlichen Jahresbilanzen, die körperliche Gebrauchssachen enthalten, vom Gewinn nicht eher die Rede ist, bis in den Jahren der nutzbaren Verwendung der Sache je ein Teil der Anschaffungskosten und am Schlusse deren Gesamtbetrag wieder verdient ist, so ist auch bei der Gesamtsache des Geschäftes nicht eher von Gewinn die Rede, als bis die für den Erwerb des Geschäftes als solchen aufgewendeten Kosten wieder verdient sind. Daher sind in der gleichen Weise, wie bei der körperlichen Gebrauchssache die einzelnen Jahreserträgnisse durch die Abschreibung einer Quote der Erwerbskosten gekürzt werden, bei der Gesamtsache des Geschäftes ebenfalls die Erwerbskosten in Quoten mittels Abschreibungen den einzelnen Jahreserträgnissen zu Last zu legen. Damit diese Kosten aber überhaupt abgeschrieben werden können, müssen sie zuvor in die Eröffnungsbilanz als Aktiven eingesetzt werden.

Jedenfalls gibt, um den zutreffenden wirtschaftlichen Gedanken auszudrücken: es müssen erst die Geschäftserwerbskosten wieder verdient sein, ehe der Nachbesitzer den Gewinn aus dem Geschäfte als Reingewinn ansprechen kann, die einfache Buchführung kein anderes Mittel an die Hand[1], wie den Modus, daß die Geschäftserwerbskosten zuerst aktiviert

[1] Die doppelte Buchführung kann allerdings ohne weiteres über die Natur der Geschäftserwerbskosten Klarheit schaffen: Wenn die Aktiven eines mit 130000 Mark bezahlten Geschäfts 100000 Mark ausmachen und keine Kreditoren vorhanden sind, so werden in der Eröffnungsbilanz des Nachbesitzers nicht nach dem gewöhnlichen Modus 100000 Mark auf dem Kapitalkonto eingesetzt, sondern nur 70000 Mark und 30000 Mark werden separat kontiert. Durch die gegen sonst verschobene Ziffer des Reinvermögens wird der Umstand charakterisiert, daß der Geschäftsnachfolger das Reinvermögen nicht ohne weiteres in denselben Verhält-

und daran anschließend amortisiert werden. Aber anderseits ist infolge der Aktivierung eines Betrages, der im Prinzipe von Anfang an als Unkosten zu behandeln wäre, der Schlüssel für die bilanzielle Gebarung der Kaufleute mit den Geschäftserwerbskosten äußerst schwer zu finden; es ist eigentlich nur durch eine systematische Darstellung aller in das Gebiet der Verhältnisbewertung gehörigen Fälle möglich.

§ 13. Der bei der Bewertung der Aktivengesamtheit als Selbstversicherung offen zutage tretende Fürsorgezweck und dessen Bedeutung als die eines wirtschaftlichen Gesetzes für die Bilanz.

Die Erscheinung der Kostenverteilung, des Verlustausgleiches, haben wir zuerst, wenn auch nur andeutungsweise, bei der Bewertung der Debitoren und sodann in ganz ausgeprägtem Maße bei der Bewertung der Gebrauchs-, der Anlagegegenstände in der eigentlichen und in der übertragenen Bedeutung kennen gelernt. Aber wir beobachten sie nicht allein bei der Bewertung — dies Wort in weiterem Sinne verstanden — der einzelnen Teile des Geschäftsvermögens, sondern auch bei der Bewertung der Aktivengesamtheit, und wir haben zuletzt die Idee des Verlustausgleiches nicht als einzelne, sondern als typische Erscheinung bei Aufstellen der kaufmännischen Erfolgsberechnung und deshalb als den Ausfluß eines die Bilanz allgemein beherrschenden wirtschaftlichen Grundsatzes aufzufassen.

Ein weiteres Beispiel für die Anwendung des Prinzipes des Kostenausgleiches liegt bei dem Disagio der Obligationen vor. Wenn eine Hypothekenbank ihre Pfandbriefe oder eine Bahn- oder Industriegesellschaft ihre Teilschuldverschreibungen zu einem höheren Betrage einlöst, als sie früher erhalten hat, so würde die Differenz zwischen dem Betrage der Emission und dem der Einlösung an sich zu Lasten desjenigen

---

nissen, wie sein Vorgänger, für eigentliches, d. h. für freies Reinvermögen halten darf, sondern daß er es in Höhe der Geschäftserwerbskosten für wirtschaftlich beschwert betrachten und daß er daher erst diesen Betrag aus dem Geschäfte verdient haben muß, um auf dem gleichen wirtschaftlichen Standpunkt wie sein Vorgänger zu stehen.

Dafür erfordert freilich die Art, wie in der doppelten Buchführung die 30000 Mark aus unfreiem in freies Reinvermögen verwandelt werden, die Vornahme außergewöhnlicher Buchungen. Doch das kann hier nur angedeutet, aber nicht ausgeführt werden.

Jahres gehen, wo das Mehr über den empfangenen Betrag, das Disagio, den Inhabern der Hypothekenbriefe und der Schuldverschreibungen gezahlt wird.[1] Das Disagio stellt wirtschaftlich einen Teil des Äquivalentes dar, das die ihr Kapital als Darlehn Gewährenden erhalten; den anderen Teil bilden die ihnen jährlich zu entrichtenden Zinsen. Infolgedessen ergibt sich zunächst als Resultat: mit dem wirtschaftlichen Aufwand für die auf Hypothekenbriefe und Obligationen hereingekommenen fremden Gelder würden die einzelnen Jahre der nutzbaren Verwendung nur in Ansehung der jährlich gezahlten Zinsen gleichmäßig beschwert, während vom Disagio ausschließlich das Erträgnis des einen, des Endjahres gekürzt würde. Hieraus entwickelte sich die Sitte, die Ungleichheit der Kosten aufzuheben und ein jedes Jahr anteilig auch zur Tragung des Disagios heranzuziehen, also gleichfalls bei Aufstellung der einzelnen Jahresrechnung aus Gründen einer vernünftigen Vermögensgebarung einen erst in der Zukunft liegenden Vermögensabgang auf die Gegenwart vorwegzunehmen. Der dahin gehende Brauch hatte bei Hypothekenbanken zur Zeit des Inkrafttretens des Gesetzes vom 13. Juli 1899, das in seinem § 25 die Verteilung des Disagios für Hypothekenbanken ausdrücklich anordnet, schon längst bestanden und dieser Brauch pflegt in betreff des Disagios der von ihnen aufgenommenen Obligationsanleihen auch von anderen Bahn-, Industrie-, Schiffahrts- und Bergwerksgesellschaften ohne ausdrückliche Gesetzesvorschrift eingehalten zu werden. Denn er folgt eben bereits aus einer rationellen Finanzpolitik.

Damit vermehrt sich allerdings die Zahl der gleichanteiligen Vorausnahmen eines erst zukünftigen Verlustes auf die Gegenwart um einen bedeutsamen Fall: wie der mit der Benutzung eigener Gebrauchssachen verbundene Verlust der Anschaffungskosten quotal in die dem Verlustjahre voraufgehenden Jahre vorverlegt wird, so hier der in das Endjahr fallende Aufwand für den Gebrauch der fremden Kapitalien. — Aber wenn sich damit auch immer mehr das Typische der Verlustantizipationen herausstellt, so fehlt doch immer noch ein sehr wesentliches Moment: das Bild dieser Antizipationen wird vollständig und ihr Kreis wird

---

[1] Darüber, daß der Verlust des Disagios nicht etwa, wie vielfach infolge einer Verwechslung von Kreditoren im buchmäßigen und im juristischen Sinne angenommen wird, in das Jahr der Emission, sondern in das der Einlösung fällt, ausführlich Fischer S. 180 ff.; im Resultate übereinstimmend E. i. St. Bd. 3 S. 37 ff.

geschlossen durch die bei Aufstellung der Bilanzen im weitesten Umfange zutage tretende Selbstversicherung. Infolge der Verlustantizipationen, in denen sich der Gedanke der Selbstversicherung unverhüllt zu erkennen gibt, wird man, die übrigen Antizipationen überblickend, den hier ebenfalls unter Verhüllungen vorhandenen Gedanken der Selbstversicherung gewahr und man erlangt endgültig Gewißheit über die seither schon recht naheliegende Vermutung, daß bei den Verlustantizipationen nicht der Zufall, sondern ein einheitlicher wirtschaftlicher Gedanke als Grundgesetz obwaltet.

Beginnen wir mit den Rückstellungen für Pensionszwecke. Um die mannigfachen Schwierigkeiten und Streitfragen, die gerade über diesen Punkt bestehen, zu vermeiden und das Beispiel zweifelsfrei zu gestalten, soll es folgendermaßen gewählt werden. Eine Industriegesellschaft räumt ihren Werkmeistern als derjenigen Kategorie von Angestellten, an der ihr besonders viel gelegen ist, in Form des Anstellungsvertrages, also unwiderruflich, Ansprüche auf Pensionsbezüge für ihre Person wie für ihre Angehörigen ein. Nun werden zwar die Pensionsfälle durchgehend erst lange Zeit nach Abschluß des einzelnen Dienstvertrages, dann aber können sie sehr leicht in größerer Anzahl hintereinander eintreten und derartige Anforderungen an das Gesellschaftsvermögen stellen, daß ihre Befriedigung aus den laufenden Einnahmen, wenn überhaupt, so doch nicht ohne Störung der Vermögenslage zu bewirken ist. Daher versichert die Industriegesellschaft die Werkmeister bei einer Versicherungsgesellschaft, d. h. gegen Empfang jährlicher Prämien verpflichtet sich die Versicherungsgesellschaft, an die Werkmeister und deren Hinterbliebene die gleichen Beträge zu zahlen, zu deren Entrichtung an sich die Industriegesellschaft als Prinzipalin verflichtet ist. Daß die Prämienzahlungen, die nach den Regeln der Wahrscheinlichkeitsrechnung bemessen sind, von der Industriegesellschaft aus dem Rohgewinn des einzelnen Jahres bestritten werden, steht fest. Keine noch so fiskalisch denkende Steuerbehörde würde auf die Vorstellung kommen, es handelte sich um Kürzungen des Reingewinnes. Und doch befreit sich im Ergebnis die Industriegesellschaft durch die eine ganze Reihe von Jahren hindurch währenden Zahlungen von einem Vermögensabgang, der tatsächlich, nämlich in Form der von der Industriegesellschaft an die Werkmeister und deren Angehörigen zu entrichtenden Pensionen, erst nach denjenigen Jahren eintreten würde, wo die Gesellschaft die Prämienzahlungen abführt.

Einen Schritt weiter: die Industriegesellschaft beliebt nach einigen Jahren für die neu eintretenden Werkmeister einen anderen Modus der Versicherung, sie versichert sie in sich selbst, d. h. sie nimmt mit Rücksicht auf deren künftige Pensionsansprüche gemäß den Prinzipien der Wahrscheinlichkeit bloß rechnungsmäßige Kürzungen am Jahreserträgnis vor. Es wäre nicht der mindeste Grund dafür einzusehen, warum die bloß rechnungsmäßigen Kürzungen für die in sich versicherten Werkmeister von anderer Natur, wie die durch die effektiven Prämienzahlungen entstehenden Abgänge sein und warum nur diese Abgänge Kürzungen des Rohgewinnes, jene aber solche des Reingewinnes darstellen sollten. Zweifellos tragen diese wie jene Abminderungen den Charakter von Abminderungen des Rohgewinnes.[1]

Weitere Beispiele dieser Art: Eine Straßenbahngesellschaft hat wegen der in ihrem Betriebe unvermeidlichen und für sie namentlich wegen des Haftpflichtgesetzes bedenklichen Beschädigungen von Personen eine Versicherung bei einer Versicherungsgesellschaft genommen; später entschließt sie sich zur Selbstversicherung, und zwar ebenfalls zu den Gefahrensätzen der Wahrscheinlichkeit. Eine Schiffahrtsgesellschaft versicherte früher ihre Schiffe gegen Seeunfälle effektiv, jetzt in sich selbst. Den Versicherungsantrag eines Industriellen gegen Feuersgefahr nimmt die Versicherungsgesellschaft nur in Höhe von 70—75 % des Wertes der Anlagen und der Waren an; wegen der restlichen Prozente versichert er in sich selbst.

Es ist aber gar nicht nötig, weder, daß ein kaufmännischer Betrieb früher effektiv und dann in sich selbst, noch daß er teils effektiv, teils durch rechnungsmäßige Kürzungen des Jahresgewinnes versichert, damit die den effektiven entsprechenden rechnungsmäßigen Sätze zu Kürzungen des Rohgewinnes gestempelt werden. Bisweilen wird die effektive Versicherung überhaupt nicht möglich sein; z. B. würde eine Gewerkschaft, die viel unter Wassereinbrüchen zu leiden hat, wohl schwerlich gegen die ihr daraus drohende Gefahr bei einer Versicherungsgesellschaft eine Versicherung nehmen können. Gleichwohl ist denjenigen Rückstellungen aus den Jahreserträgnissen, die die Gewerkschaft wegen der Wassereinbrüche nach dem präsumptiven Durchschnitt vornimmt, die Eigenschaft von Rück-

[1] Ganz unstichhaltig wäre der Einwand, die beschriebenen Verhältnisse kämen nur bei Aktiengesellschaften in Betracht. Die Gesellschaft des Beispiels existiert. Aber sie ist keine Aktien-, sondern eine offene Handelsgesellschaft.

stellungen aus dem Rohgewinne nicht abzusprechen.[1] Bis hierher im Prinzipe übereinstimmend Reisch-Kreibig II S. 124 u. 125.

Im Zusammenhalt mit den ausgesprochenen Selbstversicherungen wird völlig klar, daß auch die Abschreibungen auf die Gesamtheit der Debitoren, ferner die Abschreibungen auf Gebrauchssachen sowie auf immaterielle Werte im Grunde nichts mehr und nichts weniger, als Selbstversicherungen sind. Denn mit diesen Abschreibungen wird, mit denen auf die Debitorengesamtheit wenigstens in beschränktem Sinne, ja ebenfalls ein erst zukünftiger Verlust nach Maßgabe der Wahrscheinlichkeit auf die Gegenwart vorweg genommen. Die Fülle der gleichartigen Erscheinungen gestattet schlechterdings nur eine Deutung, nur eine Weise der Betrachtung, nämlich die, die Erscheinungen nicht einzeln, sondern im Komplex zu würdigen. Gehen sie doch ohne Ausnahme klarermaßen auf dieselben Erwägungen und auf dieselben Grundsätze zurück. Die Angehörigen sämtlicher kaufmännischer Erwerbszweige lassen sich bei Aufmachen der jährlichen Erfolgsberechnung von folgenden Erwägungen leiten:

Das Erzielen von Gewinn ist im Betriebe eines jeden nicht möglich und nicht denkbar, ohne daß er bestimmte, mit der Art des Betriebes verknüpfte Verluste erleidet. Diese Verluste sind demnach als spezifische Lasten der aus dem einzelnen Unternehmen fließenden Einkommensquelle anzusehen. Da sie an sich durch die Zeit ihres Eintrittes das Erträgnis der einzelnen Rechnungsperioden ganz verschieden gestalten würden, während diese Ungleichheit dem Wesen nach durchaus nicht gerechtfertigt ist, so erfordert es eine vernünftige Vermögensgebarung, daß derartige, einen notwendigen Annex der Gewinnerzielung bildenden Vermögensabgänge zwischen den einzelnen Erfolgsberechnungen ausgeglichen und daß den einzelnen Jahren eine gleichanteilige Quote der Kostenlast auferlegt wird.

Diese Erwägungen lassen sich als Prinzip dahin formulieren:

---

[1] Natürlich darf, wenn das Geschäftsvermögen tatsächlich später durch ein Ereignis derjenigen Art, gegen das die Selbstversicherung genommen worden ist, beschädigt wird, der tatsächliche Verlust nicht nochmals in dem Jahre, wo er eintritt, dem Erträgnisse belastet werden. Er hat dann eben in Höhe der während der früheren Jahre erfolgten Abminderungen des Roherträgnisses als getilgt zu gelten.

Gewinn ist erst vorhanden, nachdem vom Jahresertrãgnis mit Beziehung auf einen Verlust, der in Zukunft das Geschäftsvermögen bestimmt oder wahrscheinlich treffen wird und der in der Art des Geschäftsbetriebes wurzelt, eine anteilige Quote gekürzt ist, die, soweit die Wahrscheinlichkeit in Betracht kommt, nach deren Regeln zu bestimmen ist. Vor dieser Kürzung ist der Gewinn Rohgewinn.

§ 14. Die Bedeutung der Liquidität und ihr Einfluß auf die Gestaltung der Bilanz.

Daß der Gedanke des Kostenausgleiches in der Bilanz der Ausfluß der Fürsorge ist, steht zwar ohne weiteres fest, nicht jedoch, daß es sich um eine Fürsorge ganz spezieller Art handelt, nämlich um die Sorge für die Liquidität, um die Vorsicht aus Gründen der Liquidität.

Zunächst einiges über die Terminologie: Das Adjektiv liquide kommt in zwei Bedeutungen vor. Einmal versteht man darunter die flüssigen, d. h. die im Verkehre mit Dritten in Betracht kommenden Teile des Geschäftsvermögens, also Kasse, Schecks, Wechsel, Debitoren und Waren im Gegensatz zu den nicht-flüssigen, den sogen. Anlagen, also den körperlichen Gebrauchsgegenständen und den Gebrauchssachen im übertragenen Sinne. Ferner versteht man unter liquide das Verhältnis zwischen den flüssigen Vermögensobjekten einer- und den laufenden Kreditoren und Ausgaben, für die sie die Deckung bilden, anderseits. In diesem Sinne spricht man von dem liquiden Vermögensstande einer Bilanz oder auch kurz von einer liquiden Bilanz. Das Substantiv Liquidität bezeichnet allein die Beziehungen zwischen den Deckung beanspruchenden Kreditoren sowie Ausgaben und den Deckung gewährenden Aktiven.

Wenn man unter der Quantität eines Geschäftsvermögens die Summe der dazu gehörigen Aktiven begreift, so kann von der Liquidität als der Qualität des Geschäftsvermögens gesprochen werden: sind die durch sie ausgedrückten Beziehungen gute, so ist das Geschäftsvermögen gesund; sind sie schon spannend geworden oder gar überspannt, so befindet sich das Geschäftsvermögen im Zustande der beginnenden oder der völligen Krankheit, die einen letalen Ausgang nehmen muß, wenn die Überspannung unheilbar, wenn also das Mißverhältnis zwischen Kreditoren und Ausgaben zu den deckungsbereiten Mitteln irreparabel geworden ist. Das ist derselbe Zustand, der dem Juristen aus der Konkursordnung als die dauernde Unfähigkeit eines Kaufmannes, seinen laufenden Verbindlichkeiten nachzukommen, bekannt ist.

Schneller als durch theoretische Darlegungen, wegen deren auf die Schrift von Prinzhorn verwiesen wird, dürfte die Wichtigkeit der Liquidität durch Beispiele veranschaulicht werden. Ein derartiges Beispiel bietet einmal der typische Konkurs des auf schnelle Ausbreitung seines Geschäftes bedachten kaufmännischen Anfängers sowie ferner der typische Zusammenbruch von Aktiengesellschaften wegen vorausgegangener zu hoher Dividendenzahlungen in Form der sogen. Zusammenlegung. Der erste Typ hat eine ausgezeichnete Schilderung durch Prinzhorn erfahren. Über den zweiten soll an dieser Stelle kurz folgendes bemerkt werden. Wenn die Liquidität des Vermögens einer Aktiengesellschaft fortlaufend durch Ausschütten zu großer Dividende, das seine Ursache in der Agiotagesucht der Aktionäre hat, geschwächt wird und das Vermögen am Ende in unheilbare Illiquidität verfällt, so wird zwar gewöhnlich nicht, wie im gleichen Falle bei einem Einzelkaufmann oder einer anderen Handelsgesellschaft, der Konkurs eröffnet, sondern die Aktiengesellschaft wird, wie der terminus technicus lautet, saniert. Aber die Sanierung, d. h. der Modus, die Illiquidität zu beheben, besteht darin, daß die derzeitigen Aktionäre von den großen Gläubigern gezwungen werden, nicht nur hinter diejenigen Gläubiger, die junge Aktien in Anrechnung auf ihre Forderungen übernehmen, sondern ferner auch hinter diejenigen zurückzutreten, die neues Geld auf junge Aktien einzahlen. Das Zurücktreten der alten Aktionäre hinter die neuen beschränkt sich jedoch meist nicht auf ein ziffernmäßiges Verkleinern, ein Zusammenschieben der alten Aktien, wovon die Prozedur ihren Namen trägt, sondern sie besteht gewöhnlich noch in einem Ausstatten der jungen Aktien mit Vorrechten gegenüber den alten. Daß dies nur auf Kosten der alten Aktien geschehen kann, liegt auf der Hand, ebenso wie die Tatsache, daß dadurch die schon infolge der eigentlichen Zusammenlegung erheblich geminderten Rechte der seitherigen Aktionäre oft so gut wie völlig verloren gehen. Also die Operation, die Sanierung genannt wird, läuft auf eine ganz oder zum großen Teile durchgeführte Expropriierung der alten Aktionäre hinaus. Und sie müssen diese Operation deshalb über sich ergehen lassen, weil die vitale Kraft des Geschäftsvermögens zerstört worden ist, und zwar sehr häufig durch die Gewinnverteilungen der früheren Jahre; zu vergl. Fischer S. 329 ff.; 427 ff.

Die Beispiele sind deshalb gewählt worden, weil sie diejenigen beiden Ursachen enthalten, auf die eine sehr große Zahl aller überhaupt stattfindender Zusammenbrüche von Geschäftsvermögen zurückzuführen ist, nämlich in erster Linie das für den Kaufmann sehr natürliche Bestreben, den Umsatz und damit den Roh- und schließlich den Reingewinn zu steigern, und weiter die Neigung, hohe Gewinne zu entnehmen, eine Neigung, die infolge des Zusammenhanges zwischen der Höhe der Dividende und dem Aktienkurse das charakteristische Erbübel des Aktienwesens bildet, die aber auch sonst hier und da zu beobachten ist. Da also namentlich durch die Neigung, das Geschäft zu erweitern, die Liquidität des Geschäftsvermögens erschüttert werden kann und da die Gewinnentnahmen sich ebenfalls innerhalb gewisser, von der Liquidität bestimmmter Grenzen zu bewegen haben, so werden eben die Kaufleute alles nur Denkbare getan haben, um der aus einer Verletzung der Normen der Liquidität drohenden Gefahr vorzubeugen, und sie haben deshalb schon längst die Ziffern der Erfolgsberechnung und der durch sie kontrollierten Buchführung so eingerichtet, daß soweit als möglich bei den Dispositionsakten über das Geschäftsvermögen, sei es zu geschäftlichen sei es zu persönlichen Zwecken, eine Gefährdung der Liquidität ausgeschlossen bleibt. Selbst wenn natürlich die Liquidität nicht durch jede spätere Täuschung über die zuvor in die Erfolgsberechnung eingesetzten Ziffern unheilbar beschädigt zu werden braucht, so können doch schon überwindbare Störungen der Liquidität sehr unangenehm für den Geschäftsinhaber werden. Grund genug, sie zu vermeiden und deshalb die Ziffern der Erfolgsberechnung prophylaktisch mit vom Gesichtspunkte der Liquidität zu bestimmen.

Nach diesen mehr allgemeinen Ausführungen soll im einzelnen gezeigt werden, in welcher Weise sich die bilanzielle Prophylaxe sowohl in dem Prinzipe des angemessenen Kostenausgleiches als auch in der Behandlung der Kostenziffern der zur Veräußerung bestimmten Sachen zeigt.

§ 15. Der Zusammenhang zwischen der Liquidität und dem Prinzipe des Kostenausgleiches.

Wenn teuere Gebrauchsgegenstände, z. B. Maschinen oder Baulichkeiten, wegen Alters oder Veraltung außer und neue an ihrer Statt in Betrieb gestellt werden, so werden die flüssigen Mittel von den Ersatzkosten erheblich in Anspruch genommen. Dasselbe ist der Fall, wenn ein Unternehmen, das seinen Angestellten Pensionen zugesichert hatte, nach einer Reihe von Jahren in eine Periode ziemlich rasch anschwellender Pensionszahlungen eintritt. Oder wenn eine Gewerkschaft, die zwar auch sonst von Wassereinbrüchen zu leiden hat, auf ein Mal durch Wasser in außerordentlichem Umfange beschädigt wird. Oder wenn eine Schiffahrtsgesellschaft durch Seeunfälle innerhalb kurzer Zeit Verluste erleidet, die das Maß des Gewöhnlichen bei weitem überschreiten: hier muß der Schiffspark wieder ergänzt, dort muß das Wasser mittels kostspieliger Anlagen entfernt werden.

Solche außergewöhnliche Ausgaben sind nicht aus den laufenden Einnahmen zu beschaffen und bedingen daher an sich ein übermäßiges Anspannen der Liquidität. Da sich die beschriebenen Ereignisse von einem überlegenden Geschäftsinhaber oder -leiter voraussehen lassen, so wird er alles aufbieten, um der daraus für die Liquidität zu befürchtenden Gefahr als der schlimmsten aller Gefahren schon im Entstehen entgegenzuarbeiten. Die einfachste Abwehrmaßregel besteht darin, die flüssigen Mittel, deren der Geschäftsbetrieb in Zukunft bestimmt oder mit einer an Bestimmtheit grenzenden Wahrscheinlichkeit in außergewöhnlicher Zahl bedarf, unter Einschränkung des Etats der früheren Jahre bereitzustellen. Der Kaufmann muß also bereits vor demjenigen Zeitpunkte, wo die außerordentlichen Ausgaben an ihn herantreten, effektive Mittel ansammeln, damit er später wegen der Liquidität keine Besorgnisse zu hegen braucht.

Soweit daher der Geschäftsinhaber solche Ansammlungen vornimmt, tritt eine Bindung der betreffenden Mittel durch den ausschließlichen Zweck ihrer Verwendung ein. Denn das Bewußtsein, daß die Mittel zu keinem anderen geschäftlichen Zwecke, als eben einem einzigen, benutzt werden sollen, wird den Geschäftsinhaber verhindern, sie mit der Deckung laufender Ausgaben und laufender Schulden in Verbindung zu bringen, und wird den verführerischen Gedanken fernhalten, die betreffenden flüssigen Mittel ließen sich als ein Überschuß ansehen, der eine Erweiterung des Geschäftes gestattete.

Und das Bewußtsein von dem Gebundensein des betreffenden Betrages für geschäftliche Zwecke wird dem Geschäftsinhaber andererseits nicht erlauben, den Betrag für persönliche Zwecke aus dem Geschäftsvermögen zu entnehmen.

Damit sind wir zu dem entscheidenden Punkt gelangt: Erst der Druck, den die Fürsorge für eine angemessene Liquidität dahin ausübte, daß mit Rücksicht auf eine ganz bestimmte künftige Aufwendung derzeit vorhandene flüssige Aktiven als wirtschaftlich gebunden angesehen wurden, hat den Kaufmann über die effektive Bindung hinweg auf die jedenfalls erst dahinter liegende Idee der Bindung des betreffenden Betrages in der Jahresrechnung, d. h. auf die Idee des angemessenen zahlenmäßigen Kostenausgleiches hingeführt. M. a. W.: Für das Aufkommen der Sitte, wegen eines später erfolgenden geschäftlichen Verlustes einen Betrag aus der Rechnung des gegenwärtigen Jahres auszunehmen und ihn vom Jahresresultate abzusetzen, dürfte der Anstoß von dem Umstande ausgegangen sein, daß die betreffenden Beträge anfänglich mit Rücksicht auf die effektiven Aufwendungen auch effektiv zurückgelegt und insoweit als gebunden betrachtet wurden. Erst deshalb, weil sie wirtschaftlich einstweilen nicht in Betracht kamen, weder für das Reinvermögen, noch für den Reingewinn, gab man diesem Verhältnisse dann einen Ausdruck in der Jahresrechnung und kürzte das Jahreserträgnis um die betreffenden Beträge.

Darum dürfte unter dem Einflusse der Liquiditätsprophylaxe wohl auch bei Anlagen, in denen große Beträge investiert werden müssen, zuerst der Brauch der effektiven und dann der der rechnungsmäßigen Rückstellung, der Abschreibung, entstanden sein, um am Ende den Charakter des zahlenmäßigen Verlustausgleiches anzunehmen und als solcher selbständig zu werden.

Dafür, daß es sich mit den Abschreibungen so, wie behauptet, verhält, liegt eine ganze Reihe von Beweisen vor:

An erster Stelle sind zu nennen die sog. „baren" Erneuerungsfonds. Namentlich in den Statuten solcher Gesellschaften, deren Liquidität in hohem Maße durch Ersatzanschaffungen für wegfallende teuere Anlagen berührt wird, z. B. für Schienen bei Bahn- und Maschinen sowie Gebäude bei Industriegesellschaften, ist häufig die Vorschrift anzutreffen: es wäre jährlich ein bestimmter Prozentsatz von den Anlagen auf einen Erneuerungsfonds zu übertragen, der in Effekten anzulegen wäre. Das ist eine unklare Fassung von folgendem Gedanken: Einmal soll jährlich ein gewisser Prozentsatz von den Anschaffungskosten der Gebrauchsgegenstände abgeschrieben werden, und zwar in der Weise, daß die Bestandskonten der Anlagen auf der Aktivseite an sich unberührt bleiben und daß dafür ein auf der Passivseite einzusetzendes sog. Erneuerungskonto gegen die Gewinn- und Verlustrechnung erkannt wird. In Höhe dieser Beträge — das ist der fernere Sinn derartiger Vorschriften — sind wegen der sich tatsächlich bei den Anlagen später notwendig machenden Ersatzanschaffungen effektive Beträge, sei es in Wertpapieren, sei es in Bankguthaben, unter den Aktiven liquid zu halten.

Aber nicht allein in statutarischen, sondern auch in gesetzlichen Vorschriften werden der Ursprungs- und der Endgedanke der Abschreibung, der Gedanke der effektiven und der der bloß-rechnungsmäßigen Rücklage, in einer wenig kritischen, aber gerade deshalb in einer für die behandelte Materie charakteristischen Weise nebeneinander gestellt. Analog, wie in den erwähnten Statutbestimmungen, gehen diese beiden Gedanken durcheinander in § 95 lit. f des österreich. Personaleinkommensteuergesetzes. Danach sind von den bilanzmäßigen Überschüssen in Abzug zu bringen „die Abschreibungen, welche der Abnutzung oder Entwertung des Inventars oder Betriebsmaterials . . . . entsprechen; ferner jene Teile des Erträgnisses, welche aus dem gleichen Anlasse in besondere Fonde (Abschreibungs-, Amortisations-, Verlustreservefonde u. dgl.) hinterlegt werden; im letzteren Falle jedoch nur dann, wenn diese Fonde zur Deckung von Abgängen und Verlusten bestimmt bezeichneter Art gewidmet sind und Verluste und Abgänge dieser Art entweder bereits eingetreten oder als voraussichtliches Ergebnis der Geschäftsverhältnisse zu gewärtigen sind."

Ähnlich, wie hier, wird in der Verfügung des preuß. Finanzministeriums vom 3. Februar 1892, die bei Einführung des damals in Kraft getretenen preuß. Einkommensteuergesetzes zu dessen § 9 I 5 erlassen worden ist, der Gedanke der effektiven Rücklage für Ersatzanschaffungen identifiziert mit dem Gedanken, das Jahreserträgnis mit Beziehung auf Gebrauchssachen rechnungsmäßig durch Abschreiben eines Teiles der Anschaffungskosten zu kürzen. Denn gemäß der Verordnung sollten die Abschreibungsquoten nicht etwa durch einfache Zurechnung der Anschaffungskosten auf die Jahre der nutzbaren Verwendung der Sache, sondern sie sollten so bemessen werden, daß die abgeschriebenen Beträge unter Hinzurechnung von Zinsen und Zinseszinsen im Jahre der Außerbetriebsetzung der Summe der Anschaffungskosten gleichkommen sollten. Der Verordnung wurde als leitender Gedanke der auch in E. i. St. Bd. 5 S. 276 zu findende Satz an die Spitze gestellt: die in § 9 I 5 dem Steuerpflichtigen für die Abnutzung nachgelassenen Abzüge hätten die Bedeutung, den Steuerpflichtigen nach Wegfall der Gebrauchssache zu befähigen, das Kapital für die Neuanschaffung sicherzustellen.[1]

Demgegenüber ist zu bemerken: Abgesehen davon, daß es unzutreffend ist, aus der wirtschaftlichen Einheit, die das Geschäftsvermögen bildet, einzelne Aktiven herauszugreifen und von ihnen Sondererträgnisse zu berechnen, ist an der Verfügung zu beanstanden, daß darin nur der Anfangs- aber nicht der Endgedanke der Abschreibungen berücksichtigt wird. Dieser besteht ja in dem Grundsatze, die Anschaffungskosten einer gegenwärtig im Gebrauche befindlichen Sache durch die Jahresrechnungen auf die einzelnen Jahre in einer Weise zu verteilen, die einer vernünftigen Wirtschaft entspricht, also allein in der rechnungsmäßigen Absetzung; zwar kann damit im einzelnen Falle das Rücklegen effektiver Mittel Hand in Hand gehen, dies ist aber keineswegs unbedingt erforderlich, also nicht wesentlich. Die Verfügung überspannt die heutige Bedeutung derjenigen Idee, die offenbar einstmals die Ursache für die Bildung des Brauches gewesen ist, auf die Gebrauchssachen bei Aufstellen der Jahresrechnung regelmäßig Kürzungen vorzunehmen. Die Verfasser der Verfügung verfallen demnach in einen Fehler historischer Art, sie halten die Idee der effektiven Rücklagen heute noch als mit dem Wesen der Abschreibungen identisch, während die buchmäßigen Abschreibungen auf Gebrauchssachen sich schon längst von den baren Rücklagen für die Ersatzkosten der künftigen Sachen emanzipiert und sich zu einem von ihnen durchaus unabhängigen Institut weitergebildet haben, das deshalb auch einem selbständigen Begriffe zu unterstellen ist, dem Begriffe des angemessenen Ausgleiches der in der gegenwärtigen Gebrauchssache investierten Kosten.

---

[1] Die Verordnung betrifft, wie gesagt, an sich nur die Abschreibungen, die für Nicht-Vollkaufleute auf ihre Gebrauchssachen nach § 9 I 5 (jetzt § 8 I 4) zugelassen sind. Aber da diese Abschreibungen an die bilanzmäßigen Abschreibungen der Vollkaufleute anknüpfen und sie zum Vorbilde haben — zu vgl. oben § 6 —, so können die Urheber der Verfügung auch nur von dem Prinzip der bilanzmäßigen Abschreibungen ausgegangen sein.

Soweit über den Zusammenhang des Grundsatzes des Kostenausgleiches speziell bei Gebrauchssachen und der Vorsorge aus Rücksicht auf die Liquidität. Dieser Zusammenhang kann in Ansehung der in § 13 behandelten Fälle der Versicherung ohne weiteres als festgestellt gelten. Denn man braucht nur die rechnungsmäßigen Sicherungen und die bar entrichteten Prämienzahlungen nebeneinander zu stellen, um zu sehen, daß jene aus diesen hervorgegangen sind.

Nach alledem leidet es keinen Zweifel mehr: Mögen wir auch heute in den jährlichen Abschreibungen auf Gebrauchssachen sowie in anderen rechnungsmäßigen Rückstellungen, die ebenfalls mit Beziehung auf einen in Zukunft eintretenden und in der Art des Betriebes wurzelnden Verlust stattfinden, die Idee des angemessenen Kostenausgleiches zwischen den einzelnen Betriebsjahren anzuerkennen haben — ein hervorragender Anteil an der Entstehung wie der Verbreitung dieser wirtschaftlich hochbedeutsamen Idee gebührt der Liquidität, die durch die Fürsorge für die bar, namentlich für Ersatzanschaffungen, aufzuwendenden Mittel hindurch den Gedanken der rechnungsmäßigen Fürsorge in Form der Kürzung des Jahresertrágnisses mächtig gefördert hat.

§ 16. Der Zusammenhang zwischen der Liquidität und der Behandlung der zur Veräußerung bestimmten Sachen.

Die Darstellung der Beziehungen, die zwischen den Abschreibungen auf Gebrauchssachen und der Fürsorge für die Liquidität obwalten, erfordert immerhin eingehende Nachweise. Ungleich leichter gestaltet sich der Beweis für die Beziehungen der Liquidität zur bilanziellen Behandlung der Veräußerungszwecken dienenden Sachen. Das einfachste ist, man verfährt argumento e contrario der kaufmännischen Sitte und stellt sich vor, die Kaufleute würden die Idee des Gesetzes befolgen, die Waren stets, also auch dann zum derzeitigen Veräußerungspreise in die Bilanz einzustellen, wenn gegenwärtig, im Verhältnis zum Einkaufe, der Preis gestiegen ist. Denn würde dies geschehen sein und die Bilanzziffern, denen entsprechend der Geschäftsinhaber seine persönlichen Entnahmen sowie die Anschaffung anderweiter Waren oder Gebrauchsgegenstände bemessen hätte, würden sich später infolge Preisrückganges als trügerisch herausstellen, so könnte der Geschäftsinhaber in arge

Verlegenheiten und Bedrängnisse geraten. Denn er wird eben nicht die zur Bestreitung der laufenden Kreditoren und Ausgaben notwendigen Mittel zur Hand haben. Daher wird er um Gestundung seiner Schulden bitten, um Prolongation seiner Wechsel nachsuchen müssen, er wird von unnachsichtigen Gläubigern verklagt und in seinem Kredite geschädigt werden. Er erhält deshalb die zum Weiterbetriebe des Geschäftes erforderlichen Waren nur noch gegen Kasse oder, da er ja über hinreichend bare Mittel nicht mehr verfügt, nur noch zu höheren Preisen und kürzeren Zahlungsfristen, als seine Konkurrenten, kurz die ganze Misere der Zahlungsstockung kann über ihn hereinbrechen und am Ende der Konkurs.

Schon um lästige Störungen, noch mehr natürlich um Gefahren, denen er das Geschäftsvermögen sonst aussetzen würde, zu vermeiden, kommt es keinem ordentlichen Kaufmann in den Sinn, bei Aufnahme der Bilanz den gegen die Zeit des Einkaufes gestiegenen Warenpreis voll zu berücksichtigen. Höchstens einen Teil der Preissteigerung bezieht er (wenngleich unter Zuwiderhandlung gegen das rechnungsmäßige Prinzip der Erfolgsberechnung, s. oben § 5) in die Bilanzziffern ein und auch das nur, wenn Chancen für das vorläufige Fortbestehen des gegenwärtigen Preises gegeben sind: Wenn die Bilanz in die Zeit des Höchststandes oder gar schon in die Zeit des Absteigens der Konjunktur fällt, würde es ganz unvernünftig sein, die derzeitigen Preise der Bilanz zugrunde zu legen, sofern wenigstens an die Bilanz die Anforderung zu stellen ist, daß sie eine vernünftige Grundlage für eine angemessene Gebarung mit dem Geschäftsvermögen abgeben soll. Deshalb wird der Kaufmann auch regelmäßig die teuren Einkaufspreise seiner Waren, wenn sie zur Zeit der Bilanz wieder heruntergegangen sind und ein noch weiteres Zurückweichen erwarten lassen, nicht allein bis auf den gegenwärtigen Stand, sondern noch unter diesen herab ermäßigen. Für diese Modifikation der Buchführungsziffern dürfte „Bewerten" schwerlich der kongruente Ausdruck sein ebensowenig wie nach den Eröterungen in § 5 von einem eigentlichen Bewerten gesprochen werden kann, wenn bei gestiegenen Warenpreisen eine teilweise Erhöhung der Einkaufsziffern stattfindet.

Hiernach werden auch die Antworten verständlich sein, die der Verfasser mehrfach auf seine Frage, ob die Waren zum derzeitigen Preise bilanziert werden dürften, von Kaufleuten erhalten hat. Sie erwiderten:

das wäre nicht erlaubt; denn der Kaufmann dürfe sich nichts vorlügen, nichts in die Tasche lügen. Der Leser wird nunmehr wissen, was mit dieser Lüge gemeint war — aber auch, welche Bewandtnis es mit dem derzeitigen Veräußerungswerte des § 40 HGB. speziell bei Waren hat, der ja nach feststehender Ansicht der Juristen der „wahre" und „objektive" sein soll. Das Prinzip, Waren und Fabrikate stets zum derzeitigen Veräußerungspreise einzusetzen, bedeutet vielfach einen schweren Verstoß gegen die bei Aufstellung der kaufmännischen Erfolgsberechnung unbedingt zu befolgende Sitte der Vorsicht, also nicht nur einen Verstoß gegen die rein rechnungsmäßige Grundlage der Bilanz, worüber oben in § 5 gehandelt worden ist.

§ 17. Schluß.

Das Ergebnis der gesamten Ausführungen ist dahin zusammenzufassen: die Bilanz ist die kaufmännische Erfolgsberechnung, aufgemacht unter dem Gesichtspunkte der geschäftlichen Fürsorge, deren treibendes Motiv die Liquidität bildet. Aber der prospektive Einschlag hat die retrospektiven Grundlinien keineswegs verwischt, die Bilanz ist bis heute eine echte und rechte Erfolgsberechnung geblieben.

Die wesentlichen Züge dessen, was man Bilanzwerte nennt, sind selbst nach den Verschiebungen, die infolge der geschäftlichen Prophylaxe eingetreten sind, immer noch einfach und durchsichtig, ja eigentlich recht einfach und recht durchsichtig. Nur dürfte der Weg, der zu ihrer Erkenntnis führt, nicht überall leicht und einfach zu finden sein. Die „objektiven" und „wahren" Werte einer selbständigen Bewertungsmethode existieren allein in der Vorstellung der Urheber des Art. 31 A. D. HB. und des § 40 N. HB. Sie mögen durchaus entschuldbar geirrt haben, aber sie haben schwer geirrt. Das total verfehlte Wertaxiom des § 40 ist allerdings auf dem Gebiete des streitigen Zivilrechts ziemlich harmlos und richtet hier verhältnismäßig wenig Unheil an. Um so mehr aber auf dem Gebiete des Steuerrechts, vor allem der Einkommenbesteuerung, wo der § 40 zu einer Quelle unabsehbarer Verwirrung und ungeheuren Schadens wird. Hier ist er unerträglich. Um nochmals darauf hinzuweisen: Neben den Bilanzwerten, besser den Bilanzziffern, der kaufmännischen Sitte müssen die Bilanzwerte, die aus dem Prinzipe des „wahren" und „objektiven" Wertes herzuleiten sind, als falsch bis zum Widersinn, als falsch bis zur Lächerlichkeit erscheinen. Das gilt nicht minder von dem, was in den §§ 5—7, als von dem, was in § 16 gesagt ist. Zwar kann man, wie oben in § 8 gezeigt ist, dem Widersinn des § 40 HGB. auch nach der jetzigen Gesetzeslage, nämlich mit dem § 38 HGB., abhelfen. Aber das bleibt immer nur ein Notweg. Durchgreifend kann Wandel nur geschaffen werden, wenn der § 40 anläßlich einer Novelle des Handelsgesetzbuches revidiert wird. Bis dahin muß er, wenn auch seiner Wirksamkeit entkleidet, formell weiterbestehen.

Abkürzungen.

E. i. St. = Entscheidungen des Königl. Preuß. Oberverwaltungsgerichts in Staatssteuersachen.

Fischer = Die Bilanzwerte, was sie sind und was sie nicht sind, Leipzig 1905 und 1908, von Dr. R. Fischer.

Fuisting I = Kommentar zum preuß. Einkommensteuergesetz, 6. Auflage, Berlin 1904, von B. Fuisting.

Fuisting II = Kommentar zum preuß. Ergänzungssteuergesetz, Berlin 1899, von B. Fuisting.

Fuisting III = Kommentar zu den preuß. Gewerbesteuergesetzen, 2. Auflage, Berlin 1900, von B. Fuisting.

Maatz = Die kaufmännische Bilanz und das steuerbare Einkommen, 4. Auflage, Berlin 1907, von Richard Maatz.

OVG. = Preußisches Oberverwaltungsgericht.

Prinzhorn = Über die finanzielle Führung kaufmännischer Geschäfte und Unternehmungen, Berlin 1902, von Karl Prinzhorn.

Reisch-Kreibig = Bilanz und Steuer Band I und II., 2. Auflage, Wien 1907 und 1909, von Dr. Richard Reisch und Dr. Josef Clemens Kreibig.

ROHG. = Reichsoberhandelsgericht.

Simon = Die Bilanzen der Aktiengesellschaften und der Kommanditgesellschaften auf Aktien, 2. Auflage, Berlin 1898, von Dr. Veit Simon.

v. Wilmowski = Kommentar zum preuß. Einkommensteuergesetz, 2. Auflage, Breslau 1907, von B. von Wilmowski.

Kolibri 360 GmbH
Ferdinand-Jühlke-Straße 7
99095 Erfurt, Deutschland
produktsicherheit@kolibri360.de